A. LACABE-PLASTEIG

INTEMPÉRANCE ET SOBRIÉTÉ

Quarante Semaines d'Enseignement **Antialcoolique**

LIBRAIRIE D'ÉDUCATION NATIONALE

Intempérance et Sobriété

(40 Semaines d'enseignement antialcoolique)

Le bonheur par la sobriété. La misère par l'intempérance.

A. LACABE-PLASTEIG
INSPECTEUR PRIMAIRE DE LA SEINE

INTEMPÉRANCE ET SOBRIÉTÉ

(40 semaines d'enseignement antialcoolique)

L'alcool. — L'alcoolisme au point de vue de la santé.
L'alcoolisme au point de vue moral et social.
La vie sobre.

40 MAXIMES. — 40 LEÇONS PRATIQUES — 40 QUESTIONNAIRES.
40 LECTURES. — 70 GRAVURES EXPLIQUÉES. — 7 GRAPHIQUES.
40 SUJETS DE COMPOSITION FRANÇAISE.

PARIS
Librairie d'Éducation nationale
ALCIDE PICARD ET KAAN, ÉDITEURS
11, RUE SOUFFLOT, 11

PRÉFACE

Dans la lutte engagée contre l'alcoolisme, le succès final est à la fois affaire de démonstration sci ntifique et d'action morale. La plupart des buveurs ne soupçonnent guère le danger qu'ils courent, celui qui menace leur famille, leur pays : il convient de leur ouvrir les yeux. Tous demandent à la boisson un plaisir qui dégénère bientôt en passion ; et il importe de fortifier leur volonté. Éclairer, persuader, telle elle la double pensée inspiratrice de ce petit volume, qui est tout ensemble un livre d'hygiène et un livre de morale.

Le texte et l'illustration n'y présentent de scènes sombres et affligeantes que celles qui ont paru indispensables pour inspirer le dégoût et l'horreur de l'alcool. On s'est gardé avec soin de familiariser les yeux et l'esprit avec des images qui, à la longue, risqueraient d'exercer sur l'imagination une séduction malsaine et dangereuse. Au récit des ravages résultant de l'intempérance a été opposé le tableau calme et reposant de la vie sobre.

L'ouvrage comprend 40 leçons qui, à l'école primaire, pourront être faites dans l'année à raison d'une par semaine ; à cet effet, il suffira d'en prendre le temps alternativement sur l'enseignement scientifique et sur l'enseignement moral.

Chaque leçon est ainsi composée :

1° Une *maxime morale* ou un *précepte scientifique*, qui, par sa forme concise et frappante, grave une vérité, une règle de conduite dans l'esprit de l'élève.

2° Un *texte* court, mais nourri de faits, qui fournit à l'instituteur le plan et la matière de son exposé. Il doit être considéré comme le résumé de ses explications ; les élèves le retiendront sans effort.

3° Une *lecture* destinée à appuyer de l'influence communicative et déterminante de l'exemple, les préceptes plutôt froids de la théorie. S'adressant à la sensibilité qu'elle émeut, elle suggère les résolutions durables.

4° Un *questionnaire*, qui permet de s'assurer que l'élève a compris et retenu.

5° Un *sujet de composition française ;* il lui est une occasion de réfléchir sur ce qui lui a été dit.

L'enseignement antialcoolique intéresse la morale privée et la morale publique ; il a une portée sociale et patriotique. Poursuivi d'après ce plan, aidé par cet ensemble de moyens, il ne peut pas manquer à la longue de porter ses fruits. Mais il est indispensable qu'instituteurs et institutrices se persuadent de sa nécessité, qu'ils le donnent avec conviction, en bons citoyens qu'ils sont, amis du peuple et *soucieux de l'avenir* de leur pays.

FIG. 1. — Conséquence de l'alcoolisme.
AVANT. homme sain. APRES. alcoolique.

PREMIÈRE PARTIE

L'ALCOOL

PREMIÈRE LEÇON

L'Alcoolisme

L'intempérance change en poisons mortels les aliments destinés à conserver la vie.

LA BRUYERE.

1. L'*eau* est la boisson naturelle des êtres vivants; personne n'en a jamais abusé.

2. De longue date, l'homme a cultivé la vigne, et il a fabriqué le *vin*. Divers fruits sucrés lui ont servi à préparer d'autres *boissons fermentées*, la bière, le cidre.

3. Bu avec modération et au moment des repas, le vin est un stimulant des fonctions organiques. Cependant, l'excitation agréable et passagère qu'il produit a fait naître la passion de l'*ivresse*, a porté l'homme à l'*intempérance*.

4. L'ivresse habituelle prend le nom d'*ivrognerie*.

5. Plus tard, l'homme a retiré des boissons fermentées un principe, l'*alcool*, qui a servi à composer des liqueurs variées, toutes également nuisibles, connues sous le nom de *boissons distillées* ou *spiritueux*.

6. La consommation de l'alcool a monté de façon effrayante ; un nouveau fléau a sévi, l'**alcoolisme**, *qui est l'empoisonnement progressif de l'individu et de la race par l'alcool.*

Questions orales ou écrites.

1. Quelle est la boisson naturelle ?
2. D'où proviennent les boissons fermentées ?
3. Quels sont les effets du vin ?
4. Qu'est-ce que l'ivrognerie ?
5. Quel principe entre dans la composition des boissons distillées ?
6. Qu'est-ce que l'alcoolisme ?

LECTURE

Connaître son ennemi

Si je vous disais qu'il existe une substance aussi redoutable que la cigue, aussi redoutable que le vitriol, une substance qui, placée à portée de votre main et de vos lèvres, tue plus lentement peut-être, mais tout aussi sûrement que les plus terribles poisons sortis de l'officine[1] du pharmacien :

Vous me demanderiez sans doute à la connaître, afin de vous mettre en garde contre ses dangers.

Si je vous disais encore que des gens font commerce de cette substance ; qu'on la vend partout, au hameau et à la ville, à la porte de l'usine, dans les faubourgs et sur les boulevards ; que, colorée ou parfumée, additionnée de sucre et décorée de noms divers, elle est mise à la portee de toutes les bourses, afin de tenter et le riche et le pauvre :

Vous me répondriez qu'il n'est pas d'homme assez insensé pour acheter la maladie, pour acheter la mort avec le produit de son travail ; vous refuseriez de croire que

1. **Officine**, laboratoire de pharmacien.

cet étrange commerce puisse enrichir ceux qui le pratiquent.

Si je vous disais, de plus, que ce poison défigure celui qui le consomme, tout en lui enlevant ses forces; qu'avant de lui ravir la vie, il éteint ses plus belles qualités de cœur et d'esprit, disposition à la bonté, goût du travail:

FIG 2 — **Origine.** **Conséquences.**
L'alcoolisme attaque la santé, l'intelligence, l'énergie; il dégrade la personne humaine.

Vous ne pourriez supposer que le père le présente à son fils comme un cordial[1], qu'il le serve sur la table de famille; que l'ami l'offre à son ami dans ce qu'on est convenu d'appeler le verre de l'amitié.

Si j'ajoutais enfin que le fléau déchaîné par ce poison

1. **Cordial**, remède qui réconforte, donne des forces.

prive la production nationale de bras vigoureux et de fécondes activités, notre valeureuse armée de vaillants soldats qui seraient sa force et pourraient être sa gloire ; qu'il menace de prompte décadence la vieille, la généreuse race française :

Oh ! alors, vous seriez anxieux de savoir si les savants, qui ont fait tant de découvertes, n'ont pas réussi à trouver un remède à ce mal effrayant ; si les législateurs, qui ont rédigé tant de lois, n'en ont pas conçu une qui soit assez efficace pour arrêter les ravages d'un tel fléau.

Dans une société d'hommes libres, l'ordre et la prospérité de la nation reposent sur les lumières et la raison des citoyens, plutôt que sur la rigueur des lois. Aussi faut-il que vous connaissiez le mal pour ne pas vous laisser gagner par sa contagion. Prévenir vaut mieux que guérir.

Ce poison qui menace votre santé et votre vie, qui s'attaque à l'intelligence et à l'énergie humaines ; ce poison qui se présente à vous sous le faux prétexte de ranimer le corps et de réchauffer l'amitié : c'est **l'alcool**.

Ce fléau qui, dans le présent et dans l'avenir, est un danger social, un danger national : c'est **l'alcoolisme**.

Les ravages de l'alcool résultent moins de la faiblesse ou de la passion de l'homme que de son ignorance ou de sa coupable insouciance.

Composition française.

Montrez que les meilleures choses deviennent dangereuses par l'abus que l'on en fait : trop de nourriture,.., trop de mouvement..., trop de sommeil..., trop de récréation..., trop de plaisir..., trop de travail même...

Conclusion qui en découle au point de vue des excès de la boisson.

DEUXIÈME LEÇON

La fermentation

L'intempérant, qui se laisse dominer par les plaisirs du corps, n'est plus un homme libre; il subit la pire des servitudes, car il est soumis au pire des maîtres.

SOCRATE.

1. Quand on écrase des grains de raisin pour en extraire le jus, on obtient un liquide verdâtre qui a une saveur douce et sucrée : c'est le *moût de raisin*. Il renferme une certaine quantité de sucre ou *glucose*.

2. Abandonné à l'air, le moût subit une modification profonde : un bouillonnement se produit; un gaz se dégage; quelques jours après, le liquide a pris une odeur capiteuse[1], une saveur piquante et forte : la *fermentation* l'a changé en *vin*.

3. Sous l'influence d'un *ferment*, être vivant microscopique, le glucose s'est dédoublé en *gaz carbonique* et en *alcool*. Le gaz carbonique s'est répandu dans l'air; l'alcool est resté dissous dans le liquide.

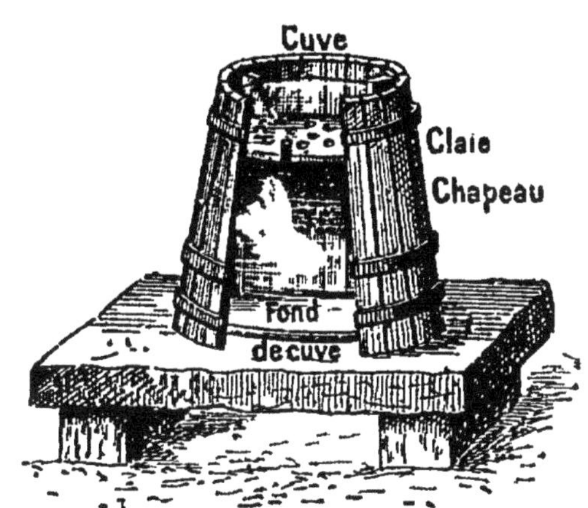

FIG. 3 – **Cuve à fermentation à chapeau submergé.**

Pendant la fermentation du moût dans la cuve, le *chapeau* se forme des parties les plus légères du résidu. Afin que l'acide carbonique qui s'en dégage par suite de la fermentation ne cause pas l'asphyxie des personnes qui pratiquent le *foulage*, on maintient le chapeau submergé au sein de la masse au moyen de … s

1. **Capiteux**, qui porte à la tête.

4. *Le vin est donc une boisson alcoolique résultant de la fermentation du jus du raisin.* Il doit à l'alcool qu'il renferme ses propriétés stimulantes et aussi ses effets enivrants.

Questions orales ou écrites.

1. Quels sont le nom et la composition du jus de raisin ?
2. Que devient le moût lorsqu'il est abandonné à l'air ?
3. Quelle altération la fermentation fait-elle subir au moût ?
4. Qu'est-ce que le vin ?

LECTURE

La vigne et l'alcool

Une légende orientale nous conte que, lorsque Noé plantait la vigne, Satan l'aperçut, et que, avec sa curiosité ordinaire, il s'approcha de lui :

— Que plantes-tu là, fils de la terre ? dit le prince des démons.

— Une vigne, répondit Noé.

— A quoi bon cet arbuste ? demanda le tentateur.

— Le fruit en est aussi agréable à l'œil que délicieux au goût, répondit le patriarche[1], et on en tire une liqueur qui égaye le cœur de l'homme.

— S'il en est ainsi, reprit Satan, je veux t'aider.

Disant cela, le diable apporta un agneau, le tua et en fit couler le sang dans le fossé. Il en fit de même d'un lion, d'un singe et d'un porc; c'est de cette façon qu'il arrosa les racines de la vigne.

Depuis ce temps, chaque fois qu'un homme boit un peu de vin, il devient doux et caressant comme un agneau. S'il augmente la dose, le voilà fort et hardi comme un lion. Mais s'il va plus loin, il est bientôt malicieux et fou comme un singe; et si, par malheur, il ne s'arrête pas, il finit par ressembler au porc, qui se vautre dans l'ordure.

---

1. **Patriarche**, chef de tribu.

Il y a du vrai dans cet apologue[1], et cependant l'ivresse du vin n'est rien à côté de cette ivresse furieuse que donne l'alcool. En France, il y a malheureusement trop de gens qui abusent du vin, et qui d'un bienfait font une malédiction ; mais, hormis quelques pays, où ne pousse pas la vigne, on ne voit pas des populations entières

FIG. 4 — Selon l'usage ou l'abus que l'homme fait du vin, il devient :

1. Doux comme un agneau,
2. Malicieux comme un singe,
3. Fort comme un lion,
4. Immonde comme un porc

abruties et ruinées par ces eaux-de-vie de grains qui sont un véritable poison[2]. Il n'en est pas de même en Amérique : là, comme dans les fabriques anglaises, comme dans le nord de l'Europe, l'ivrognerie est un fléau mortel

1. **Apologue**, fable, récit imagé contenant un enseignement.
2. Depuis que l'auteur a écrit ces lignes, l'alcoolisme a fait de tristes progrès en France.

que le législateur combat comme nous combattons le choléra. Mais les lois sont impuissantes contre les mœurs; ce n'est pas par un décret qu'on rend les hommes vertueux. Elles font un bien relatif, je le reconnais; je voudrais même que chez nous on interdît la vente de l'absinthe, comme à Boston on interdit la vente de l'alcool; mais pour guérir toute passion, il faut des remèdes moraux; c'est la seule façon d'attaquer le mal à la racine et d'en prévenir les générations à venir.

Ed. Laboulaye, *Œuvres sociales* de Channing, E. Fasquelle, éditeur.

Composition française.

Fabrication du vin : la vendange, ses plaisirs; foulage du raisin; fermentation et soutirage; les vins de France.

TROISIÈME LEÇON

Le vin

Le vin est aussi redoutable que bienfaisant.

Maurice Bouchor.

1. Le *vin naturel* est composé essentiellement d'*eau, d'alcool*, et, pour une très faible proportion, de substances que la végétation a introduites dans le raisin, matières albuminoïdes[1], grasses, sucrées, colorantes, sels.

Dans 100 grammes de vin, il entre en moyenne :

87 grammes d'eau,
10 grammes d'alcool,
3 grammes de matières diverses.

2. La teneur moyenne des vins en alcool est de 10 pour cent; les *vins faibles* en contiennent moins.

1. **Albuminoïde**, de la nature de l'albumine, ou blanc d'œuf.

3. Les *vins liquoreux*, tels que les vins d'Espagne, renferment 15 pour cent d'alcool et au delà.

4. En calculant sur une composition moyenne de 10 centilitres d'alcool pur par litre, on établit que *un litre de vin* renferme autant d'alcool qu'*un cinquième de litre d'eau-de-vie.*

5. Le vin est tonique[1], et, dans certains cas, digestif; mais, comme les meilleures choses, il devient dangereux par l'abus qu'on en fait. *N'usons donc du vin qu'avec modération car il peut devenir aussi redoutable qu'il est bienfaisant.*

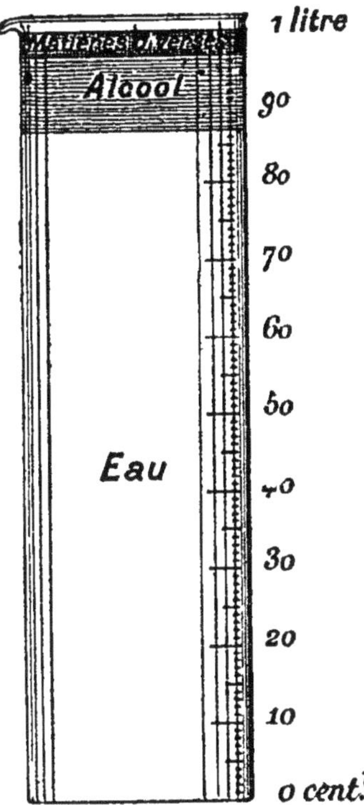

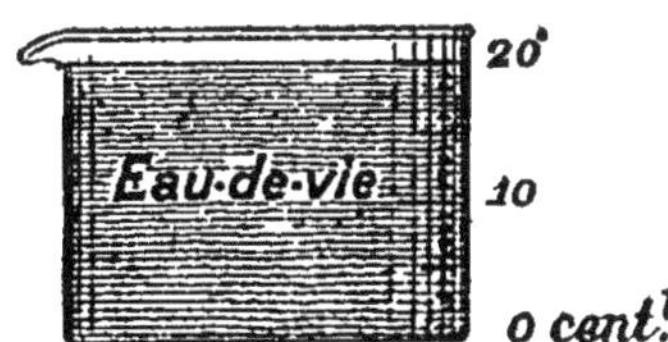

Fig 5. — **Un litre de vin équivaut à 20 centilitres d'eau-de-vie.**

Ce flacon renferme 1 litre de vin, dont les éléments ont été séparés pour montrer leur importance relative : 87 centièmes d'eau, 10 centièmes d'alcool, 3 centièmes de matières diverses.

Ce verre contient 20 centilitres d'eau-de-vie : c'est exactement la quantité d'eau-de-vie qu'on retirerait du litre ci contre. Qui boit un litre de vin pur consomme autant d'alcool que s'il avalait ce plein verre d'eau-de-vie.

Questions orales ou écrites.

1. Quelle est la composition du vin naturel ?
2. Qu'est-ce qu'un vin faible?
3. Qu'est-ce qu'un vin liquoreux ?
4. Quelle quantité d'eau-de-vie correspond à un litre de vin ?
5. Quelle règle d'hygiène découle de la composition et des effets du vin ?

1. **Tonique**, qui excite les organes et les fortifie.

LECTURE

Puissance de Bacchus

Bacchus découvrit une plante précieuse et sut en extraire un breuvage d'une belle couleur pourpre ou dorée, délicieux au goût, fortifiant, et qui, dans les repas, mettait la joie au cœur des convives, pourvu qu'ils en prissent avec modération.

Vous avez deviné que cette plante s'appelle la vigne, et que ce breuvage est le vin. Beaucoup de gens en abusent, alors il leur fait grand mal, mais ce n'est pas la faute de Bacchus.

Un jour, il goûtait le charme de la solitude sur un cap élevé, d'où il dominait les eaux de la Méditerranée. Quelques mauvais drôles avaient amarré leur barque à un rocher de la côte. C'étaient des pirates. Ils aperçurent Bacchus debout sur le promontoire[1]. Ignorant qu'ils avaient affaire à un être divin, ils s'emparèrent de lui.

Vous pensez bien que si Bacchus l'avait voulu, il les aurait tous envoyés rouler au bas de la falaise. Mais il jugea utile d'infliger une meilleure leçon à ces méchants pirates. Il se laissa donc lier les mains et on le fit asseoir à l'avant du bateau. Une brise favorable s'étant levée, les voleurs fixèrent le mât dans la barque et y attachèrent de grandes voiles.

C'est en pleine mer que Bacchus avait résolu de les punir. Vous verrez qu'il le fit d'une façon spirituelle et sans la moindre cruauté.

Tout d'un coup, ses liens tombèrent, et pour effrayer les pillards il fit un charmant prodige. Soudain, ils respirèrent une bonne odeur de vin vieux. Ils entendirent un doux murmure, un joli glouglou pareil au bruit d'un liquide que l'on verse peu à peu. Puis, les eaux bleues devinrent toutes rouges. Un flot de vin se répandit à la

1. **Promontoire**, cap élevé.

urface et alla éclabousser les rameurs. On se serait cru u jour de la vendange, lorsque le pressoir écrase les rappes. Le murmure peu à peu grandit et devint une spèce de chanson.

Vous me direz que tout cela n'était pas bien effrayant. es pirates, en effet, voulurent s'en amuser. Mais tout ce ui est extraordinaire onne de l'inquiétude ux méchants. Aussi urent-ils terrifiés lorsu'une vigne chargée e fruits, venant on ne ait d'où, se mit à grimer autour du mât.

Fig. 6. — Tous les pirates, à la fois, se jettent à la mer, où ils sont aussitôt changés en dauphins.

Bacchus, en même emps, se lève. Son viage resplendit d'une umière si vive que les oleurs ne peuvent en outenir l'éclat. De sa ain droite, il leur ontre la mer; et sans rop savoir ce qu'ils ont, tous à la fois s'y récipitent. A peine ont-ils plongé sous les flots qu'ils erdent leur forme humaine. Ils sont changés en dauhins[1].

Ces animaux vont par troupes, et souvent ils bondisent autour des navires. Ils s'amusent à lutter de vitesse. n les voit aussi jeter en l'air, à une grande hauteur, de 'eau qu'ils viennent d'avaler.

Nos pirates, devenus dauphins, ne manquèrent pas de aire toutes ces gentillesses. Bacchus pensa qu'ils étaient ssez punis, puisqu'ils cessaient d'être des hommes; et rit de bon cœur en regardant leurs jets d'eau étinceler u soleil.

1. **Dauphin**, animal marin ressemblant à la baleine.

Maintenant, chers amis, il y a une petite leçon à tirer de cette histoire. Bacchus est aussi redoutable que bienfaisant. Si vous abusez de ses dons, si vous buvez trop, le jeune dieu pourra bien vous changer en bêtes; en bêtes moins propres que le dauphin. Vous savez ce que j veux dire.

Maurice Bouchor, *Lecture et Récitation*,
Hachette et Cie, éditeurs.

Composition française.

Un vigneron bourguignon avait une cave fournie et variée.

Généreux et malicieux à la fois, il aimait à y introduire ses visiteurs. Sous prétexte de leur faire goûter ses diverses récoltes, éprouvait un secret plaisir à les griser.

Il fut pris à son propre piège: pour exciter ses visiteurs, il devai boire lui-même; il contracta l'habitude de s'enivrer tout seul. U jour, on le trouva inerte au pied de l'escalier de sa cave.

Faites le récit.

QUATRIÈME LEÇON

Les falsifications du vin

Ménage ta santé; c'est ton premier outil.

Franklin.

1. Des commerçants peu scrupuleux font subir au vi des falsifications dans le but de s'enrichir aux dépens de la santé publique: *vinage*, *mouillage*, *coloration*, *fabrication artificielle*, etc.

2. Le *vinage* consiste à ajouter de l'alcool pur à des vin trop faibles, soit pour les corser, soit pour échapper à de droits fiscaux[1].

3. Le *mouillage* consiste à additionner d'eau les vins alcoo

1. **Fiscal**, qui concerne l'impôt.

isés ou foncés en couleur, et à augmenter par là le bénéfice e la vente.

4. On *colore* les vins avec des baies de *sureau,* du bois de *ampêche* et même de la *fuchsine.* Cette dernière substance st tirée de la houille dans des conditions de préparation elles qu'elle a toujours des effets vénéneux.

5. On y introduit, soit pour les conserver, soit pour en elever le goût, du *plâtre,* de l'*acide salycilique,* de l'*acide artrique.*

6. Au moyen de *raisins secs,* de *figues,* de *glucose,* on fabrique des *vins artificiels* dans lesquels n'entre pas une goutte e pur jus de la vigne.

7. On *imite* les crus renommés au moyen de *bouquets,* ui sont des *essences stupéfiantes,* c'est-à dire des poisons capables d'assoupir le buveur et de paralyser ses mouvenents.

8. Le consommateur ne saurait trop se mettre en défiance ontre les vins qui ne proviennent pas directement d'un ⁄iticulteur honnête, contre les prétendus *vins fins* qu'on sert ux malades pour leur rendre des forces.

9. *Notre santé ne saurait être entourée de trop de précautions : es vins frelatés*[1] *risquent de la compromettre.*

Questions orales ou écrites.

1. Quelles sont les principales 'alsifications des vins ?
2. En quoi consiste le vinage?
3. En quoi consiste le mouillage?
4. Comment colore-t-on les ıns falsifiés ?
5. Quels produits chimiques ıjoute t-on au vin ?
6. Qu'est-ce qu'un vin artificiel ?
7. Quel rôle joue le bouquet dans la fraude des vins ?
8. De quels vins doit-on se défier?
9 Pourquoi faut-il veiller sur sa santé ?

LECTURE

Imitation et contradiction

Allez vous promener un soir dans les quartiers populeux d'une cité ouvrière et jetez un coup d'œil à travers

1. **Frelaté,** synonyme de falsifié.

les vitres des estaminets : vous y verrez des malheureux pauvrement vêtus, aux traits amaigris qui avalent l'absinthe ou le petit verre. Rendez-vous, avec Dickens, dans la plus grande ville du monde; guidés par le célèbre romancier, parcourez ce quartier grouillant qui s'appelle Whitechapel : là des êtres dégradés, hommes et femmes, à l'aspect sordide[1], se gorgent de gin[2]. Vous serez tenté de croire que la misère seule explique une telle dépravation. Ces gens, direz-vous, boivent pour tromper leur faim, pour noyer leur chagrin. Il y a du vrai dans cette remarque; et pourtant ce ne sont ni la pauvreté ni le malheur qui ont donné naissance à l'alcoolisme. Il faut en voir l'origine dans notre manie d'imitation.

L'homme fait ce qu'il voit faire : on s'habille, on se conduit comme son entourage. De même, sans nul souci de sa santé ou de ses intérêts, on fume et on boit parce que d'autres fument et boivent. Le premier cigare est détestable; on réussit à vaincre la répugnance qu'il inspire. Le premier verre de bière ou d'alcool n'a pas meilleur goût; on s'efforce de ne pas faire la grimace, par crainte de paraître ridicule.

Dès qu'on s'est habitué à boire, on ne manque pas de raisons pour continuer. Sur ce point, on n'est pas difficile, et on ne se pique pas précisément de logique. Comme les panacées[3] des charlatans, la boisson, à entendre les buveurs, possède toutes les vertus : elle ouvre l'appétit et apaise la faim, elle réchauffe et rafraîchit, elle endort et réveille. Tout est donc prétexte à boire.

« On boit, dit Bunge, quand on se revoit; on boit quand on se quitte. On boit quand on a faim, pour engourdir la faim; et quand on est rassasié, pour se donner de l'appétit. On boit quand on a froid, pour se réchauffer; et quand il fait chaud, pour se rafraîchir. On boit quand on a sommeil, pour se tenir éveillé; et

1. **Sordide**, sale, dégoûtant.
2. **Gin**, eau-de-vie de genièvre, en Angleterre.
3. **Panacée**, remède qui prétend guérir toutes les maladies.

quand on a des insomnies, pour se faire dormir. On boit parce qu'on est triste; on boit parce qu'on est gai. On boit à un baptême, on boit à un enterrement; on boit, on boit... »

Savez-vous rien de plus imposant que le convoi du pauvre qui s'achemine à pas lents vers le cimetière? Derrière le corbillard suivent les parents. Pressés en foule, rares peut-être, ils portent des habits de deuil; ils s'avancent silencieux et affligés. Et sur le passage de la mort, les inconnus se découvrent, ils s'inclinent avec

FIG 7 — **L'ouvrier qui « tue le ver » — L'ouvrier qui ne boit pas.**

L'alcool finit par rendre inapte au travail l'ouvrier le plus fort et le plus résolu.

respect. La cérémonie est terminée; c'est un autre spectacle, écœurant celui-ci, qui commence. On sort du cimetière, où l'on a déposé les restes d'un père ou d'une mère, d'un frère ou d'une fille, d'un protecteur ou d'un ami, et on se répand dans les cabarets qui entourent le lieu du repos. On s'attable, les yeux s'illuminent, les langues se délient. On ne pense plus à celui qu'on pleurait de tout cœur un instant auparavant. Cette joie bruyante et malsaine n'est-elle pas une profanation?

Mais on boit pour oublier le chagrin, pour oublier la isère. Or, de tous les motifs de boire, ce dernier est le lus insensé. A une gaieté momentanée succède l'ivresse riste. Loin d'adoucir ses peines, on les avive. On préend vaincre la pauvreté, et on s'habitue à des dépenses qui deviennent chaque jour plus lourdes, qui rendent inapte à travailler et à gagner son pain.

Mettons dans nos actes plus de sagesse et plus de logique.

Composition française.

Votre cousin, débitant de vin, vous dit en confidence quelles manipulations il fait subir à sa marchandise pour augmenter ses bénéfices.

Vous lui montrez qu'il commet une triple faute: 1° En portant préjudice à la santé publique; 2° En fraudant l'État; 3° En jetant le discrédit sur les producteurs et les commerçants honnêtes.

CINQUIÈME LEÇON

La bière

La santé dépend plus des précautions que des remèdes. BOSSUET.

1. Les graines des céréales contiennent de l'*amidon*. Sous l'influence d'un ferment de nature spéciale, l'amidon subit au moment de la germination une altération qui le transforme en *glucose*.

2. En arrêtant à point voulu la germination, en passant les graines à l'eau chaude, on obtient un liquide sucré. Refroidi, abandonné à l'air, ce liquide subit, comme le moût du raisin, une *fermentation* que l'on hâte avec de la *levure*. C'est ainsi que se fabrique la *bière*.

3. La *bière* résulte de la fermentation d'une décoction[1] d'*orge* germée, qui a été additionnée du principe amer contenu dans le *houblon*.

---

1. **Décoction**, liquide dans lequel on a fait cuire, bouillir une plante.

4. Elle renferme 2 à 3 pour cent d'alcool, 5 pour cent de matières albuminoïdes et sucrées. Légère, elle constitue une boisson agréable et rafraîchissante.

5. Sans doute la bière est moins forte en alcool que le vin; mais elle contient parfois un alcool de nature spéciale (alcool *amylique*), plus préjudiciable à la santé que celui du vin.

6. Il faut savoir pourtant que certaines bières anglaises ont jusqu'à 8 pour cent d'alcool, et il convient de se défier de leur action capiteuse.

7. La bière subit aussi des falsifications. On remplace le houblon, qui est cher, par la *gentiane*, le *buis*, la *noix vomique*, l'*acide picrique*, et même l'orge par le *glucose*. Pour la faire voyager, on l'*alcoolise*, on l'additionne d'*acide salycilique*.

Questions orales ou écrites.

1. Quelle est la propriété de l'amidon des céréales?
2. Quelle est l'action de la levure de bière?
3. Qu'est-ce que la bière et comment la fabrique-t-on?
4. Indiquez la composition de la bière et sa valeur comme boisson.
5. Comparez la bière au vin pour sa composition et ses effets.
6. Quelle est la teneur en alcool des bières anglaises?
7. Quelles falsifications fait-on subir à la bière?

LECTURE

Tempérance de Franklin

Un des grands citoyens de la République américaine, Benjamin Franklin, est l'exemple de ce que peut la persévérance mise au service de l'économie et de la sobriété. Ses débuts furent pénibles; il dut faire lui-même sa propre education. Aucune épreuve ne le rebuta, et il a raconté comment il vivait à Londres, où il exerçait le métier d'ouvrier imprimeur.

« Je ne buvais que de l'eau, dit-il; les autres ouvriers, au nombre d'environ cinquante, étaient de grands buveurs de bière. Ayant le goût de l'exercice physique, j'alternais le travail de la presse avec celui de la composition. A l'occasion, j'aidais à porter d'un étage à l'autre les grandes formes de caractères. Montant et descendant les escaliers, j'en tenais une de chaque main, tandis que mes compagnons employaient les deux mains pour en porter une seule. Ils s'étonnaient de voir, par cette preuve et par d'autres, que l'*Américain aquatique*, ainsi qu'ils m'appelaient en manière de plaisanterie, était plus vigoureux qu'eux qui buvaient de la bière forte. Le garçon brasseur était suffisamment occupé pendant la journée entière à servir notre maison. Mon compagnon de presse buvait chaque jour une pinte de bière avant son déjeuner, une en déjeunant, avec son pain et son fromage, une entre le déjeuner et le dîner, une à dîner, une autre vers six heures du soir, et une dernière après son travail.

FIG. 8. — **Benjamin Franklin**, né à Boston en 1706, mourut en 1790. Fils d'un fabricant de chandelles, il fut apprenti coutelier, ouvrier, puis maître imprimeur, rédacteur du *Bonhomme Richard*, un almanach populaire, membre du Congrès qui proclama l'indépendance des États-Unis, ambassadeur en France et membre du Comité qui rédigea la Constitution républicaine des Américains. Franklin a inventé le paratonnerre.

« Cette habitude me paraissait détestable ; mais il prétendait qu'il avait besoin de tout ce breuvage pour se donner des forces en travaillant. J'essayai de le convaincre que la force corporelle que donne la bière ne peut être qu'en proportion de la farine d'orge qu'elle contient ; qu'il entre plus de farine dans un pain d'un penny[1] que dans une pinte de bière, et que, par conséquent, son pain

1. **Penny**, sou, pièce de 10 centimes anglaise.

d'un penny arrosé d'une pinte d'eau lui donnerait plus de forces que sa bière.

« Il n'en continua pas moins à boire. Il avait tous les samedis quatre à cinq shillings[1] à prélever sur sa paye pour cette misérable boisson, dépense dont je me trouvais exempt. C'est ainsi que, par leur faute, les ouvriers intempérants restent toujours au-dessous de leurs affaires. »

Sans doute, beaucoup de ces buveurs de bière moururent jeunes. Quant à Franklin, il atteignit, presque sans infirmités, l'âge de quatre-vingt-quatre ans, après s'être classé par son travail au rang des savants, après avoir contribué pour une part considérable à l'indépendance de sa patrie.

Composition française.

Décrivez la fabrication de la bière : germination, brassage, fermentation.

Qu'est ce qu'une bière faible ? une bière forte ?

Quels sont les pays consommateurs de bière ?

SIXIÈME LEÇON

Les boissons hygiéniques

L'intempérance arrive pas à pas et sans bruit ; quand elle attache ses premiers liens, sa main est trop légère pour qu'on la sente.

CHANNING.

1. Le *cidre* est la boisson retirée des pommes âpres ou acides : écrasées, soumises au pressoir, elles donnent un jus qu'on étend d'eau et qu'on laisse fermenter.

2. Le *poiré* provient des poires âpres, dans les mêmes conditions de préparation.

---

1. **Shilling**, pièce d'argent anglaise valant 1f,25.

3. Le cidre contient de 1 à 5 pour cent d'alcool; le poiré et certains cidres de pommes riches en sucre en peuvent contenir de 6 à 10 pour cent.

4. Non frelatés, le vin, la bière, le cidre et le poiré doivent être considérés comme des *boissons hygiéniques*. Ils ne sont dangereux que par l'abus qu'on en fait, quand on les boit avec excès et en dehors des repas.

FIG. 9. — **Pressoir à cidre.** — Les pommes récoltées, on les broie. Ensuite, on dispose la pulpe sur la *plate-forme* du pressoir, par couches d'environ 1 décimètre de hauteur, séparées les unes des autres par un lit de paille ou une claie en osier qui facilite l'écoulement du jus.

5. Chaque jour, sans s'en rendre compte, on augmente la dose de sa boisson; et on finit par *rechercher un plaisir* dans ce qui ne devait être que la *satisfaction d'un besoin*. Ce n'est plus par soif que l'on boit, mais pour obéir à une passion dont la volonté asservie[1] ne sait ni ne peut plus se défendre.

6. Il en est des progrès de l'ivrognerie ce qui en est de la marche de tous nos vices: ce sont d'abord des passants, puis nos hôtes, enfin nos maîtres.

7. *La sobriété seule est la gardienne de notre liberté.*

Questions orales ou écrites.

1. Qu'est-ce que le cidre et comment le fabrique-t-on?

2. D'où provient le poiré?

3. Quelle est la teneur en alcool des cidres et des poirés?

4. Enumérez les boissons hygiéniques et signalez leur danger.

5. Comment naît la passion de la boisson?

6. Quelle est la marche de tous nos vices?

7. Qu'est-ce qui fait le prix de la sobriété?

---

1. **Asservi,** du verbe *asservir* réduire en servitude, priver de la liberté.

LECTURE

Origine du vice

Ne croyez pas que j'exagère quand je vous montre combien vous êtes exposés à l'intempérance. En voyant un ivrogne dont la santé est détruite et l'intelligence corrompue, que personne ne dise : « Je ne puis jamais tomber si bas. » Lui aussi, dans ses jeunes années, craignait aussi peu que vous de tomber. Les promesses de sa jeunesse étaient aussi brillantes que les vôtres ; et même après avoir commencé à décliner, il n'avait pas plus de méfiance que le plus ferme de ceux qui l'entouraient ; il aurait repoussé avec autant d'indignation l'avis d'être en garde contre l'intempérance. Le danger de ce vice, c'est qu'il s'empare de nous par degrés, d'une manière imperceptible : ceux qui en meurent en ont rarement reconnu les premières atteintes.

Fig. 10. — Il me suffit de voir l'état de cet homme pour mieux comprendre où peut conduire l'abus des boissons.

La jeunesse ne voit pas ou ne soupçonne pas l'ivrognerie dans le breuvage pétillant qui excite et double sa gaieté. Le malade ne la voit pas dans le cordial que son médecin lui prescrit, et qui donne du ton à ses organes affaiblis. L'homme de pensée, l'homme de génie, ne découvre pas le poison de la paralysie dans le breuvage qui semble une source d'inspiration pour l'intelligence et l'imagination. Celui qui aime le monde et ses plaisirs est loin de supposer que ce vin qui anime la conversation. il le boira un jour seul, et qu'il tombera trop bas pour goûter ces jouissances sociales dans lesquelles il trouve aujourd'hui tant de charmes.

L'intempérance arrive pas à pas et sans bruit; quand elle attache les premiers liens, sa main est trop légère pour qu'on la sente. Cette vérité, que nous enseigne une triste expérience, il nous faut tous la conserver précieusement. Dans toutes les classes elle doit avoir de l'influence sur les habitudes et les arrangements de la vie domestique et sociale.

CHANNING, *Œuvres sociales*, E. Fasquelle, éditeur.

Composition française.

Quelles sont les trois principales boissons fermentées, et dans quelles régions de la France les consomme-t-on?

En quoi diffèrent-elles? Pourquoi produisent-elles sur le buveur des effets analogues?

Pour quels motifs et à quelles conditions les considère-t-on comme des boissons hygiéniques?

SEPTIÈME LEÇON

La distillation

L'alcool éteint l'homme et allume la bête.

RAOUX.

1. Les eaux-de-vie, les liqueurs, les apéritifs sont réunis sous l'appellation commune de *boissons distillées*.

2. On sait que l'eau entre en ébullition à la température de 100°; l'alcool de vin ou l'esprit-de-vin bout à 78°.

3. Mettons du vin dans une chaudière; soumettons-le à l'action de la chaleur; l'alcool se dégage avec les premières vapeurs qu'émet le vin chauffé. En refroidissant ces vapeurs et arrêtant l'opération à temps, on recueille un liquide qui renferme 45 à 50 pour cent de son volume d'alcool. C'est la *distillation*.

4. On distille les liquides fermentés dans un appareil appelé *alambic*.

5. Le liquide obtenu est l'*eau-de-vie*, qui, selon sa provenance, s'appelle *cognac* ou *armagnac*. Des eaux-de-vie analogues résultent de la distillation : du cidre ou du poiré, *le calvados*; des lies de vin, des marcs de raisin, *l'eau-de-vie de marc*; des mélasses de cannes à sucre, *le rhum ou le tafia*.

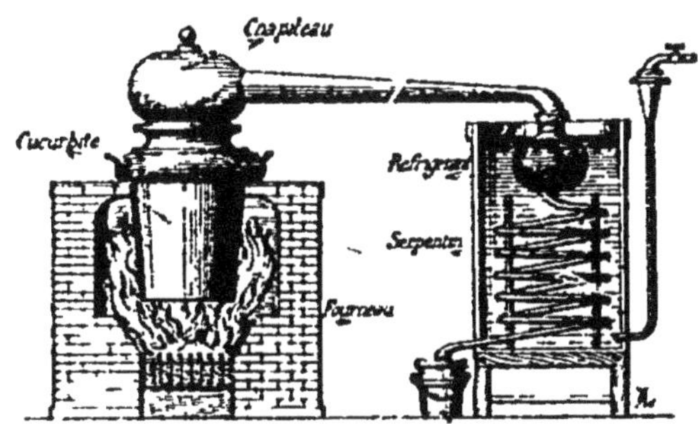

Fig. 11. — Alambic à distiller l'eau-de-vie. — Le marc est placé dans la *cucurbite*; sous l'action de la chaleur du *fourneau*, les vapeurs alcooliques se dégagent, montent dans le *chapiteau* et par le tuyau horizontal pénètrent dans le *serpentin*; la fraîcheur de l'eau qui se renouvelle constamment dans le *réfrigérant*, condense ces vapeurs. Le liquide distillé s'écoule dans un récipient placé à l'extrémité du serpentin.

6. Ces eaux-de-vie possèdent des aromes[1] particuliers, dus aux impuretés entraînées par l'alcool en s'évaporant. L'élément commun de leur bouquet est le *furfurol*; il a une telle action sur l'organisme que *3 grammes injectés dans les veines d'un chien suffisent à le tuer*.

Questions orales ou écrites.

1. Quels sont les trois groupes de boissons distillées ?

2. Quelle est la température d'ébullition de l'eau ? de l'alcool ?

3. Expliquez le principe de la distillation.

4. Dites comment s'appelle l'appareil à distiller et décrivez-le.

5. Quelle est la composition d'une eau-de-vie, et quelles sont les principales espèces d'eaux-de-vie ?

6. Quel élément se trouve dans le bouquet des eaux-de-vie et quelle est son action sur un être vivant ?

---

1. **Arome**, parfum, principe odorant.

LECTURE

Le premier distillateur

Un pauvre moujik[1] s'en allait un matin dans son champ, emportant un croûton de pain pour déjeuner. Avant de prendre la charrue, il déposa le croûton dans un buisson, sur lequel il étendit son caftan[2].

Après deux heures de travail, le moujik détela son cheval et le laissa paître, tandis que lui-même allait chercher le croûton pour apaiser sa faim. A la grande surprise du pauvre homme, le croûton avait disparu, et il n'en restait plus trace. C'était un diablotin qui l'avait pris, et qui, après ce bel exploit, s'était assis derrière le buisson pour jouir de la colère du moujik.

« Ma foi, dit celui-ci, pour un jour de jeûne on ne meurt pas de faim ; celui qui l'a pris en avait sans doute plus besoin que moi. Grand bien lui fasse ! » Et le brave homme alla se désaltérer dans une mare voisine, puis se reposa un moment et remit son cheval à la charrue.

Très mortifié de n'avoir pu faire perdre le sang-froid et la sagesse au moujik, le diablotin prit la forme d'un serviteur, et se mit à sa disposition. Il lui prédit alors que l'été serait sec, et lui conseilla de semer du blé dans les terres marécageuses. Ainsi fit le pauvre homme, et tandis qu'il récoltait une abondante moisson, ses voisins regardaient avec désolation leurs champs desséchés.

L'année suivante, le serviteur dit à son maître de semer le blé sur les terres élevées. Justement, il plut à torrents et les moissons pourrirent avant la récolte. Seul notre moujik eut tant de gerbes qu'il ne savait qu'en faire.

Alors son serviteur lui apprit à fabriquer de la vodka[3]; ils en burent tous les deux. Le moujik, enrichi et charmé,

---

1. **Moujik**, paysan russe.
2. **Caftan**, sorte de manteau.
3. **Vodka**, eau-de-vie de grains.

en offrit à tous les notables du pays qu'il avait invités à sa table, et sa femme les servait copieusement.

Celle-ci ayant renversé un verre, le moujik s'emporta : « Sotte de tous les diables! s'écria-t-il, est-ce de l'eau de vaisselle, cela? » Le diablotin était ravi.

A ce moment, un pauvre se présenta à la porte et demanda à boire. « Je ne puis désaltérer tout le monde! » dit brusquement le moujik.

Cependant les notables et le maître de la maison commençaient à s'échauffer; ils se faisaient les uns aux autres force compliments exagérés. « Laissons-les boire

FIG. 12. — **Avant de boire.** **Après boire.**

Laissons les boire, dit le diablotin; ils sont maintenant hypocrites comme des renards, mais ils vont devenir méchants comme des loups.

encore, se dit le diablotin; ils sont maintenant hypocrites comme des renards; tout à l'heure ils deviendront méchants comme des loups. »

En effet, les convives continuant de boire s'enivrèrent. Ils s'injurièrent alors, puis se battirent avec fureur. Le diable triomphait. « Ce sont des loups, pensait-il; ils vont devenir comme des porcs. »

Les ivrognes, après avoir bu encore, voulurent regagner leurs demeures; mais tous tombèrent le long des chemins, et le maître de la maison lui-même s'affaissa dans la boue. La satisfaction du diable n'avait plus de bornes.

Il y avait donc dans cette boisson du sang de renard, du sang de loup et du sang de porc? Non; le sang de toutes ces bêtes était dans le moujik; mais il ne pouvait agir tant que celui-ci demeurait sobre. Quand il se mit, grâce à ses bonnes récoltes, à manger beaucoup et à boire de la vodka, le sang du renard, celui du loup et celui du porc s'agitèrent en lui, et il devint semblable à ces animaux.

D'après L. Tolstoï.

Composition française.

Médor est le chien d'un charretier ivrogne. Il confie ses malheurs au chien de garde Cervax : nourriture rare, coups, stations aux cabarets, rentrée au logis à des heures tardives.

Le charretier interrompt la conversation ; de quelle manière ?

HUITIÈME LEÇON

Les alcools d'industrie.

On est toujours le martyr de ses propres défauts. Carmen Sylva.

1. Ce ne sont ni le vin ni le cidre qui fournissent la plus grande quantité des alcools consommés. Les liqueurs sont fabriquées avec des alcools de grains, de pomme de terre ou de betterave, dits *alcools d'industrie.*

2. On a vu à propos de la fabrication de la bière que l'*amidon* des céréales peut successivement se changer en glucose, puis en alcool; il en est de même de la *fécule* des pommes de terre, du *sucre* de la betterave.

3. Il n'a guère été question jusqu'ici que d'un seul alcool; en réalité, toutes les fermentations donnent naissance à une

foule de produits, les uns plus volatils[1], les autres moins volatils que l'alcool de vin.

4. L'industrie les sépare et les concentre au moyen d'appareils plus perfectionnés que l'alambic, et par une série de distillations qui constituent la *rectification de l'alcool.*

5. Les produits qui distillent les premiers et les derniers sont appelés *alcools mauvais goût.* Ils entrent dans la composition des vernis, servent comme alcools à brûler, ont des usages industriels.

6. Bien qu'ils soient des poisons fort violents, les alcools mauvais goût sont employés pour fabriquer des liqueurs à bon marché, des absinthes surtout, car l'amertume de la plante en dissimule la nature.

7. Avec les alcools qu'on recueille au milieu de l'opération, dits *alcools bon goût,* on prépare les cognacs et les liqueurs fines.

Questions orales ou écrites.

1. Quelle est l'importance des alcools d'industrie ?
2. Indiquez les trois substances végétales qui par la fermentation se transforment en alcools.
3. N'y a-t-il qu'une espèce d'alcool?
4. Qu'est-ce que la rectification de l'alcool?
5. Que sont les alcools bon goût et à quoi servent-ils ?
6. Quelles boissons fabrique-t-on avec les alcools mauvais goût?
7. Que sont les alcools bon goût et quel est leur emploi?

LECTURE

La Cheminée fatale

— Vois-tu, dans ce bâtiment, me dit Mauricet, la haute cheminée qui se dresse près du pignon[2], et que j'appelle la cheminée de Jerôme ? C'est là que ton père s'est tué !

Je tressaillis jusqu'au fond des entrailles, et je regardai la cheminée fatale avec une espèce d'horreur mêlée de colère.

---

1. **Volatil,** qui se transforme en vapeur.
2. **Pignon,** mur ou toiture en pointe.

3

— Ah ! c'est là, répétai-je d'une voix qui tremblait ; et comment la chose est-elle arrivée ?

— Ni par la faute du bâtiment, ni par la faute du métier. L'échafaudage était bien établi, le travail sans danger ; mais ton père est venu là en descendant de la barrière ; la vue était trouble, les jarrets ne se connaissaient plus, il a pris le vide pour une planche, et il s'est tué sans excuse... Le père Jérôme eût été un vaillant ouvrier, si la gourmandise ne l'avait perdu ; à force de s'attabler chez les marchands de vin, il y avait laissé sa force, son adresse et son esprit. Mais, bah ! on ne vit qu'une fois, comme dit cet autre ; il faut bien s'amuser avant son enterrement. Si les veuves ou les orphelins ont faim ou froid plus tard, ils vont au bureau de charité, et ils soufflent dans leurs doigts. N'est-ce pas ton opinion, dis ?...

FIG. 13. — Ce qui arriva au père Jérôme pour avoir fait trop de stations dans les débits en se rendant au chantier.

J'étais humilié, confus, et je ne savais que répondre. Je sentais bien que Mauricet ne parlait pas sérieusement; mais l'approuver m'eût fait honte ; le contredire, c'était me condamner. Je baissai la tête sans rien dire. Cependant il continuait à regarder ce pignon maudit.

— Pauvre Jérôme, reprit-il en changeant de voix et comme attendri; s'il n'eût pas suivi les mauvais exemples quand il était jeune, nous l'aurions encore avec nous ; sa mère Madeleine reposerait son vieux corps, et toi tu trouverais quelqu'un qui te montrerait la route. Mais non, il n'y a plus rien de lui, pas même un bon souvenir, car on ne regrette que les bons ouvriers.

Quand le malheureux s'est écrasé là sur le pavé, sais-tu ce qu'a dit le tâcheron[1] ?

— Un ivrogne de moins, enlevez et balayez !...

Quand tu voudras recommencer ta vie d'hier, regarde d'abord de ce côté, et le vin que tu boiras *aura le goût de sang*.

Em. Souvestre, *Confessions d'un Ouvrier*,
Calmann-Lévy, éditeur.

Composition française.

Un ouvrier charpentier s'adonne à la boisson; dérangé, il monte à l'échafaudage, malgré les recommandations de ses compagnons. Il tombe; on le ramasse mourant. Il laisse une femme et des enfants sans ressources.

Racontez cet accident, et dites quelle impression pénible il a faite au chantier.

NEUVIÈME LEÇON

Cognacs, liqueurs et apéritifs

Il ne faut rien accorder aux sens quand on veut leur refuser quelque chose.

J.-J. Rousseau.

1. Les eaux-de-vie qu'on obtiendrait en ajoutant de l'eau à l'alcool rectifié seraient incontestablement moins nuisibles que celles que l'alambic retire du vin, du cidre, des fruits ; elles seraient moins préjudiciables à la santé que les eaux-de-vie consommées par le *bouilleur de cru* qui *brûle*[2] sa récolte.

2. Mais, âcres au palais, elles seraient fades au goût et tenteraient peu le consommateur.

---

1. **Tâcheron**, qui travaille à la tâche; ici, entrepreneur de travaux partiels.

2. **Brûler** signifie ici distiller. — Un **bouilleur de cru** distille les raisins ou les fruits de sa propre récolte.

3. Pour satisfaire aux exigences des buveurs, on leur donne un *bouquet* qui leur communique l'arome des cognacs les plus renommés. Dans l'alcool, on fait macérer[1] des fruits, on introduit des extraits, des essences.

4. On obtient ainsi : les *liqueurs*, qui s'appellent *kirsch* (eau-de-vie de cerises) ; *genièvre* (eau-de-vie de baies de genièvre) ; *liqueur de noyau* (tirée des amandes amères, du laurier-cerise) ; ou les *apéritifs*, tels que l'*absinthe*, le *vermout*, le *bitter* et les *amers* de toute nature.

5. En dépit du sucre dont on les édulcore[2], de leur parfum de nature à flatter le goût, ces mixtures sont doublement malfaisantes, et par leur alcool et par leurs bouquets.

6. Ce n'est pas une question de rectification plus ou moins parfaite qui importe ; *l'alcool est un poison* ; *les essences sont des poisons :* la démonstration expérimentale en a été faite.

Questions orales ou écrites.

1. Les eaux-de-vie des bouilleurs de cru sont-elles moins dangereuses que celles qui proviendraient d'alcools rectifiés ?

2. Pourquoi l'alcool rectifié ne tente-t-il pas le buveur ?

3. Comment communique-t-on des aromes aux eaux-de-vie ?

4. Citez des liqueurs, des apéritifs.

5. Comment ces préparations sont-elles doublement malfaisantes ?

6. Que faut-il penser des alcools et des essences ?

LECTURE

La Mort choisissant son premier ministre

La Mort, reine du monde, assembla certain jour,
Dans les enfers toute sa cour ;
Elle voulait choisir un bon premier ministre
Qui rendît ses états encore plus florissants.
Pour remplir cet emploi sinistre,
Du fond du noir Tartare[3], avancent à pas lents,

1. **Macérer**, se dit d'une plante qui trempe dans un liquide.
2. **Edulcorer**, rendre doux au moyen du sucre.
3. **Tartare**, partie de l'enfer réservée aux criminels, selon les anciens.

La Fièvre, la Goutte et la Guerre.
C'étaient trois sujets excellents ;
Tout l'enfer et toute la terre
Rendaient justice à leurs talents.
La Mort leur fit accueil. La Peste vint ensuite.
On ne pouvait nier qu'elle n'eût de mérite ;
Nul n'osait lui rien disputer,
Lorsque de la Famine arriva la visite.

Fig. 14 — A la suite d'un concours auquel ont été appelés tous les Fléaux et tous les Vices, la Mort choisit l'*Intempérance* pour son premier ministre.

Et l'on ne sut alors qui devait l'emporter ;
La Mort même était en balance.
Mais les vices étant venus,
Dès ce moment, la Mort n'hésita plus :
Elle choisit l'Intempérance.

Florian.

Composition française.

Racontez la fable de Florian dans laquelle la Mort choisit son premier ministre, et exposez les raisons qui ont fixé son choix sur l'Intempérance.

DIXIÈME LEÇON

Action de l'alcool[1]

Eau-de-vie, eau de mort ! Si elle fait vivre ceux qui la vendent, elle tue ceux qui la boivent.

GUY PATIN.

1. Sous la peau d'un cobaye, ou cochon d'Inde, on injecte[2] 1 gramme (1 cmc.) d'*eau-de-vie ordinaire* (alcool à 50°[3]). Au bout de 2 à 5 minutes, ses pattes de derrière sont engourdies, sa démarche est *titubante.*

FIG. 15. — **Cochon d'Inde en état d'ébriété.** — Il suffit d'un *gramme* d'eau-de-vie injecté *sous la peau* d'un cobaye, pour mettre presque immédiatement cet animal en état d'*ébriété.* Après une courte période d'excitation, on voit ses membres s'engourdir. il titube et chancelle en marchant.

2. Si, au lieu d'alcool de vin, on injecte la même dose d'*alcool d'industrie rectifié* (alcool à 80°), l'animal tombe *ivre mort;* s'il se réveille, il reste abruti et ne prend pas d'aliments.

3. Si enfin on lui inocule[4] une dose égale d'*alcool d'industrie non rectifié* au même degré, l'ani-

1. Expériences de M. le docteur Laborde extraites de son livre, si intéressant, *La lutte contre l'alcoolisme*, A. Picard et Kaan, éditeurs, prix franco 0 fr. 75.

2. **Injecter**, introduire au moyen d'une seringue.

3. Le degré alcoolique d'un liquide est le *tant pour cent* d'alcool qu'il contient. On le mesure au moyen de l'*alcoomètre*.

4. **Inoculer**, introduire dans le corps un venin ou un germe de maladie.

mal est pris de *convulsions*[1], et quelques heures après *meurt asphyxié.*

4. Ce dernier résultat, *la mort*, aurait été obtenu même *avec l'eau-de-vie de vin*, à la condition de *doubler la dose inoculée.*

5. Les terribles effets de l'alcool constatés sur le cochon d'Inde se produiraient sur tout autre animal; il suffirait de proportionner à son poids la quantité de liquide injecté.

6. Ils se produiraient *chez un homme adulte, auquel on inoculerait 175 grammes (moins de 20 centilitres) d'eau-de-vie.*

FIG 16 — **Cochon d'Inde ivre mort.** Un gramme d'*alcool d'industrie* à 80°, injecté *sous la peau* du cobaye, le terrasse complètement Il tombe comme privé de vie. L'œil est lourd et hébété; l'arrière-train est paralysé; il est insensible à tout. En cet état, il rappelle l'homme qui, après de fréquentes libations, tombe *ivre mort* dans le ruisseau.

7. Et malheureusement, point n'est besoin de tenter une si inhumaine expérience: *les ivrognes ne font que trop souvent sur eux-mêmes cette navrante démonstration.*

Questions orales ou écrites.

1. Citez l'expérience qui démontre l'action de l'eau-de-vie sur un petit animal.
2. Dites les résultats de la même expérience faite avec l'alcool rectifié.
3. Dites les résultats de la même expérience faite avec de l'alcool non rectifié.
4. Dans quelle proportion l'alcool non rectifié est-il plus meurtrier que l'alcool de vin?
5. Les mêmes effets ne peuvent-ils pas être produits sur des animaux plus grands?
6. Quelle quantité de ces alcools produirait les mêmes effets sur l'homme?
7. Ces expériences ont-elles été faites sur l'homme?

LECTURE

Le débitant d'eau-de-vie

La soif factice[2], celle qui appelle les liqueurs fortes

---

1. **Convulsion**, contraction violente et involontaire des muscles.
2. **Factice**, qui n'est pas réel, naturel.

comme soulagement momentané, devient, avec le temps, si intense et si habituelle, que ceux qui s'y livrent ne peuvent pas passer la nuit sans boire, et sont obligés de quitter leur lit pour l'apaiser.

Cette soif devient alors une véritable maladie ; et, quand l'individu en est là, on peut pronostiquer[1] avec certitude qu'il ne lui reste pas deux ans à vivre.

Fig 17. — En bonne arithmétique, l'ouvrier qui boit chaque jour trois petits verres qu'il paie, chacun, trois sous, gagnerait 164 francs 25 par an à s'en abstenir.

J'ai voyagé en Hollande avec un riche commerçant de Dantzig, qui tenait depuis cinquante ans la première maison de détail en eaux-de-vie.

Monsieur, me disait ce patriarche[2], j'ai observé avec attention les ouvriers qui viennent chez moi : d'abord, ils ne prennent qu'un petit verre d'eau-de-vie le matin, et cette quantité leur suffit pendant plusieurs années ; ensuite, ils doublent la dose, c'est-à-dire qu'ils en prennent un petit verre le matin et autant vers le midi. Ils restent à ce taux environ deux ou trois ans ; puis ils en boivent régulièrement le matin, à midi et le soir. Bientôt ils en viennent prendre à toute heure et n'en veulent plus que de celle dans laquelle on a fait infuser du girofle ; aussi, lorsqu'ils en sont là, il y a certitude qu'ils ont tout au plus six mois à vivre : ils se dessèchent, la fièvre les prend, ils vont à l'hôpital, et on ne les revoit plus.

Brillat-Savarin.

1. **Pronostiquer**, annoncer ce qui doit arriver.
2. **Patriarche**, homme vénérable. Ce mot est pris ici dans un sens ironique.

Composition française.

Les savants font des expériences sur la vie des animaux: quel en est le but?

Mentionnez les maladies que, par leurs travaux, on a appris à combattre.

Citez les expériences faites avec l'alcool.

ONZIÈME LEÇON

Action des vapeurs d'alcool

Nous sommes du bonheur de nous-même artisans
Et fabriquons nos jours ou fâcheux ou plaisants.

REGNIER.

1. Les accidents qui résultent de l'inoculation de l'alcool sous la peau surviennent de façon tout à fait identique quand l'alcool est introduit dans l'estomac.

FIG. 18. — **Empoisonnement alcoolique ou absinthique, par respiration sous une cloche** — Les vapeurs d'alcool, absorbées par inhalation, causent des accidents aussi redoutables que ceux qui résultent de l'injection sous-cutanée de ce poison. La seule différence est que les accidents qui suivent l'inhalation ne se produisent pas tout à fait aussi vite que par l'injection.

2. Chose qui paraîtra à la fois plus surprenante et plus effrayante, ils peuvent être reproduits par la seule action des *vapeurs d'alcool*.

3. Sous une cloche de verre dont l'air se renouvelle len-

tement, on place un cochon d'Inde, et on dispose à ses côtés une éponge imbibée d'alcool dont les émanations remplissent l'atmosphère de la cloche. Après un certain temps, plus ou moins long selon la nature de l'alcool employé, le petit animal ou sera en état d'*ébriété*, ou tombera d'*ivresse*, ou mourra dans des *convulsions*.

4. Ces expériences concluantes prouvent quels dangers courent les personnes qui vivent dans une atmosphère imprégnée de vapeurs d'alcool, les débitants, les habitués d'estaminets, les ouvriers des distilleries, les garçons de chais : *ils habitent des milieux insalubres, car ils s'alcoolisent, même sans boire, tout comme les consommateurs.*

Questions orales ou écrites.

1. L'alcool bu est-il aussi nuisible que l'alcool inoculé?
2. Quelle est l'influence des vapeurs d'alcool?
3. Décrivez une expérience qui démontre les effets des vapeurs alcooliques.
4. Quel est le danger de l'atmosphère des chais, des distilleries, des débits ?

LECTURE

Les vapeurs toxiques [1]

Il résulte de l'enquête que nous avons commencée à ce sujet, que des accidents sont presque fatalement liés au maniement et à la respiration seule des produits volatils des distilleries. Ils sont la règle chez les employés forcés de séjourner dans l'atmosphère de ces vapeurs toxiques. Il est permis d'établir en principe que la nature, comme la gravité des accidents, répond et est appropriée, pour ainsi dire, à la spécialité du produit, à l'atmosphère qu'il crée par son évaporation. Cela est particulièrement vrai et frappant pour les essences ; et c'est l'absinthe et sa fabrication qui fournissent à cet égard les faits les plus caractéristiques et les plus probants.

Dans une des grandes distilleries des environs de

1. **Toxique**, qui a les propriétés d'un poison.

Paris, le hasard m'a fait rencontrer un jeune employé qui, d'une bonne santé habituelle et de sobriété reconnue, a été pris d'accidents progressifs et inquiétants. Son état était caractérisé par du tremblement généralisé, un embarras gastrique[1] persistant, un amaigrissement profond. Il éprouvait des vertiges[2] dont l'intensité croissante, — j'appelle votre attention sur ce point, — atteignit la crise épileptiforme[3], accompagnée de chute.

Or ce jeune homme était employé et séjournait dans le compartiment consacré à la distillation des essences,

Fig. 19. — Les ouvriers employés dans les distilleries s'alcoolisent en respirant les vapeurs qui se dégagent des liqueurs fermentées.

notamment de l'essence d'absinthe. Je conseillai au père, que j'eus l'occasion de rencontrer à l'époque même où venaient de débuter ces accidents, de faire sortir son fils au plus vite de l'établissement. Je fus facilement compris et écouté; un amendement des symptômes[4] ne tarda pas à s'ensuivre.

Docteur Laborde.

Composition française.

Décrivez un alambic, et dites comment se fait la distillation.

Qu'est-ce qu'une distillerie, et quel danger offrent les vapeurs d'alcool ?

---

1. **Gastrique**, qui a rapport à l'estomac.
2. **Vertige**, étourdissement.
3. **Epileptiforme**, de la nature de l'épilepsie, maladie nerveuse.
4. **Symptômes**, signes auxquels on reconnait une maladie.

DOUZIÈME LEÇON

Les essences

Les plaisirs des sens, quelque variés, quelque faciles qu'ils soient, avilissent et ne rendent point heureux. FENELON.

1. Les plantes aromatiques, les fleurs surtout, telles que la rose, la violette, émettent des odeurs caractéristiques. Leurs parfums pénétrants sont dus à des liquides très volatils qui se forment pendant la végétation, et qu'on appelle des *essences*.

2. Par macération ou par distillation, on sépare ces essences des plantes qui les renferment; on les retire des fleurs, des feuilles, des racines. L'alcool, qui a la propriété de les dissoudre, est toujours utilisé à cet effet.

3. Les essences sont employées en parfumerie, en médecine; les distillateurs les font entrer dans la composition des liqueurs, telles que l'absinthe, le vermout, le kirsch, la liqueur de noyau, la prunelle, la menthe.

4. La chimie est parvenue à constituer ces essences de toutes pièces, avec ses propres ressources et sans rien emprunter aux végétaux. Ce sont les essences sorties des laboratoires industriels qui servent le plus souvent à la fabrication des liqueurs.

5. Quelle que soit leur origine, végétale ou chimique, leur action sur les organes est également désastreuse : *il faut attribuer aux essences une grande part dans les ravages de l'alcool, dont elles accroissent la consommation par l'attrait de leur parfum.*

Questions orales ou écrites.

1. Qu'est-ce que les essences, et d'où proviennent-elles?

2. Comment extrait-on les essences des plantes, et pourquoi se sert-on de l'alcool?

3 Quel emploi fait-on des essences?

4. Les essences qui entrent dans la composition des liqueurs ont-elles une origine végétale?

5. Qu'est-ce qui fait le double danger des essences dans les liqueurs?

LECTURE

Voyage dans l'île des Plaisirs

Après avoir longtemps vogué sur la mer Pacifique, nous aperçûmes de loin une île de sucre avec des montagnes de compote, des rochers de sucre candi et de caramel, et des rivières de sirop qui coulaient dans la campagne. Les habitants, qui étaient fort friands, léchaient tous les chemins, et suçaient leurs doigts après les avoir trempés dans les fleuves. Il y avait aussi des forêts de réglisse, et de grands arbres d'où tombaient des gaufres, que le vent emportait dans la bouche des voyageurs, si peu qu'elle fût ouverte.

Comme tant de douceurs nous parurent fades, nous voulûmes passer en quelque autre pays, où l'on pût trouver des mets d'un goût plus relevé. On nous assura qu'il y avait, à dix lieues de là, une autre île où il y avait des mines de jambons, de saucisses et de ragoûts poivrés. On les creusait, comme on creuse les mines d'or dans le Pérou. On y trouvait aussi des ruisseaux de sauces à l'oignon. Les murailles des maisons sont de croûtes de pâté. Il y pleut du vin quand le temps est chargé; et, dans les plus beaux jours, la rosée du matin est toujours du vin blanc, semblable au vin grec.

A peine fûmes-nous arrivés dans l'autre île, que nous trouvâmes sur le rivage des marchands qui vendaient de l'appétit ; car on en manquait souvent parmi tant de ragoûts. Il y avait aussi d'autres gens qui vendaient le sommeil. A peine fus-je dans mon lit que j'entendis un grand bruit : j'eus peur, et je demandai du secours. On me dit que c'était la terre qui s'entr'ouvrait. Je crus être perdu; mais on me rassura en me disant qu'elle s'entr'ouvrait ainsi toutes les nuits à une certaine heure, pour vomir, avec grand effort, des ruisseaux bouillants de chocolat moussé, et des liqueurs glacées de toutes les façons. Je me levai à la hâte pour en prendre, et elles étaient délicieuses.

Le jour suivant, je jeûnai, pour me délasser de la fatigue des plaisirs de la table.

Il n'y a là ni domestiques ni petit peuple ; chacun se sert soi-même, personne n'est servi : seulement des sou-

Fig. 20. — **Le faux et le vrai plaisir.**

1. Dans l'île de sucre abondaient les friandises ; les habitants devenus très gourmands se délectaient.

2. On y trouvait des mines de jambons, de saucisses, des murailles de pâté ; les meilleurs vins y pleuvaient.

3. Habitué à toutes les gourmandises et à tous les plaisirs faciles, l'homme était très paresseux.

4. L'homme ne trouve le vrai bonheur que dans le travail et les joies de la famille.

haits, qui sont de petits esprits follets[1] et voltigeants, donnent à chacun tout ce qu'il désire dans le moment même.

En ce pays-là, les femmes gouvernent les hommes ; elles jugent les procès, elles enseignent les sciences et vont à la guerre. Les hommes s'y fardent, s'y ajustent

1. **Esprits follets**, êtres fantastiques malins et insaisissables.

depuis le matin jusqu'au soir ; ils filent, ils cousent, ils travaillent à la broderie, et ils craignent d'être battus par leurs femmes, quand ils ne leur ont pas obéi.

On dit que la chose se passait autrement il y a un certain nombre d'années ; mais les hommes servis par les souhaits sont devenus si lâches, si paresseux et si ignorants, que les femmes furent honteuses de se laisser gouverner par eux.

Touché de ce spectacle et fatigué de tant de festins et d'amusements, je conclus que les plaisirs des sens, quelque variés, quelque faciles qu'ils soient, avilissent et ne rendent point heureux. Je m'éloignai donc de ces contrées, en apparence si délicieuses ; et, de retour chez moi, je trouvai dans une vie sobre, dans un travail modéré, dans des mœurs pures, dans la pratique de la vertu, le bonheur et la santé que n'avaient pu me procurer la continuité de la bonne chère et la variété des plaisirs.

FÉNELON.

Composition française.

Décrivez un lieu où tous les fruits de la terre pousseraient sans travail, où les plaisirs seraient en abondance.

Dites si vous voudriez y vivre, et si vous pensez que les habitants y seraient heureux.

TREIZIÈME LEÇON

L'absinthe

L'homme se passe difficilement d'un mal quand il s'y est habitué. GŒTHE.

1. La liqueur verte qui se trouble à l'eau en prenant une couleur laiteuse et qu'on désigne sous le nom d'absinthe, renferme 55 à 75 pour cent d'alcool.

2. On y a introduit par litre 2 à 4 grammes d'essences

diverses parmi lesquelles dominent les plantes suivantes : *absinthe, anis, badiane, fenouil.* Ce sont ces essences qui allument la soif du buveur et produisent les ravages physiques et moraux dont il est la misérable victime.

3. Injectons dans les veines d'un chien 2 grammes (2 cmc.) d'essence d'absinthe, et observons-le :

4. L'œil fixe et dilaté, il semble pris d'un accès de rage : il aboie, bondit, se précipite sur les barreaux de sa cage comme sur des ennemis imaginaires ; il est en proie à une *hallucination.*

5. Puis, l'écume aux lèvres, il tombe sur le flanc, pris de mouvements convulsifs qui ont tous les caractères de l'*épilepsie.*

6. Après un instant de répit, il est repris de convulsions plus intenses et plus précipitées ; finalement, il meurt, *tué par le poison.*

7. L'*absinthe*, dont tant de gens ont contracté la funeste passion, *est un poison qui provoque chez l'homme l'hallucination, la folie, l'épilepsie, avant d'occasionner la mort.*

Questions orales ou écrites.

1. Qu'est-ce que l'absinthe et quelle est sa teneur en alcool ?

2. Quels extraits comprend cette liqueur ?

3. Quelle quantité d'essence d'absinthe suffit-il d'injecter à un chien pour le tuer ?

4. Quelle est la première manifestation de l'inoculation de l'absinthe ?

5. Au second degré, quels désordres produit-elle ?

6. Quel est le résultat final de cette expérience ?

7. Quels ravages l'absinthe produit elle chez l'homme ?

LECTURE

Epilepsie absinthique

Ernest C... arrive au bureau d'admission de l'asile Sainte-Anne à Paris dans une agitation extrême. Il se dit poursuivi par des chiens qui veulent le mordre ; il voit des chats ; des individus armés l'injurient et le menacent de l'assassiner ; il est sans cesse en mouvement pour se défendre et échapper à des ennemis imaginaires.

Des sueurs abondantes recouvrent tout son corps ; ses mains sont tremblantes. Tout à coup il pâlit, pousse un cri, perd connaissance et tombe en raidissant les mains et les bras qu'il porte en avant, la tête entraînée à gauche, le visage grimaçant, les yeux péniblement tirés en haut.

Bientôt après, la figure rougit fortement ; tous les muscles sont agités par des convulsions incessantes ; les paupières clignotent, les mâchoires s'entrechoquent violemment ; une salive mousseuse, sanguinolente s'étale sur les lèvres et coule le long de la joue gauche. La tête, les bras, les jambes sont secoués par des soubresauts incessants ; la respiration est ronflante.

Fig. 21. — **L'entrée à l'asile Sainte-Anne.** — L'abus des apéritifs cause des convulsions plus terribles que celles de l'épilepsie.

Au bout de trois minutes, les convulsions cessent, et le malade reste plongé dans une hébétude[1] profonde. La langue est fortement mordue sur le bord gauche. Après un quart d'heure environ, il revient à lui, ne conservant aucun souvenir de ce qui s'est passé ; et, après quelques instants, il est repris de ses visions et de ses hallucinations terrifiantes.

La mère de ce jeune homme affirme que jamais son fils n'avait eu de convulsions d'aucune sorte. Toujours bien portant, il s'était montré bon élève à l'école, et n'avait jamais présenté de troubles nerveux, ni dans son enfance, ni dans sa jeunesse. Placé dans l'épicerie, il était intelligent, s'acquittait bien de sa tâche, jusqu'au moment où, dans ces derniers temps, Ernest avait com-

1. **Hébétude**, état d'une personne qui est comme stupide.

mencé à se déranger, à boire du vin blanc, du bitter, du vermout et surtout de l'absinthe.

Trois semaines avant son attaque, il dormait mal, avait des cauchemars[1]; il avait commencé à perdre la tête, à délirer la nuit depuis huit jours. Deux jours avant son entrée à l'asile, il avait cherché à se noyer.

Après un séjour de deux mois à l'asile de Ville-Evrard, où il avait été transféré, et pendant lesquels il avait nécessairement cessé de boire, il sortit guéri.

Ce fait, comme vous le voyez, est des plus instructifs, car il démontre bien la nature du mal et sa véritable cause, en même temps que la fin de ce mal par la cessation de la cause elle-même.

Docteur Laborde, *La Lutte contre l'alcoolisme*,
A. Picard et Kaan, éditeurs.

Composition française.

Vous passez devant la terrasse d'un café où est attablé un ami de votre père. Il vous appelle, et vous offre de goûter au verre d'absinthe qui lui a été servi. Que lui répondez-vous ?

Racontez ce fait, et motivez votre conduite.

QUATORZIÈME LEÇON

Les vermouts

Il est plus aisé de réprimer le premier désir que de contenter tous ceux qui le suivent

Franklin.

1. Bien que produisant des effets moins désastreux, les vermouts et les autres liqueurs aromatisées ne valent guère mieux que l'absinthe.

---

1. **Cauchemar**, oppression, étouffement résultant d'un mauvais rêve.

2. Le *bouquet du vermout et du bitter* est l'essence de la *spirée* (reine des prés) et l'essence de la *pyrole*. L'une et l'autre sont des poisons qui provoquent les convulsions et l'épilepsie : à la dose de 2 grammes (2 cmc.), elles tuent un chien.

3. La *liqueur de noyau et le kirsch* doivent leur odeur d'amandes amères à des essences qu'on retire des feuilles du *laurier-cerise* ou des *amandes des fruits à noyaux*. Dans ces essences, qui sont loin, elles-mêmes, d'être inoffensives, se trouve un poison violent bien connu, l'*acide prussique*, dont 5 centigr. (1/2 cmc.) suffiraient à foudroyer un homme.

4. Pour arriver à boire avec plaisir l'absinthe, le vermout et les amers, l'homme a dû, par l'habitude, vaincre *la répugnance qu'on éprouve en goûtant ces breuvages pour la première fois. Cette répugnance est un avertissement de la nature contre leurs dangers.*

On aurait résisté sans peine au premier désir de boire; on contracte une passion dont on n'a plus le courage de s'affranchir.

Questions orales ou écrites.

1. Les vermouts et les autres liqueurs aromatisées sont-ils moins dangereux que l'absinthe?

2 Que savez-vous de la composition et de l'action du vermout et du bitter ?

3. Quelle essence entre dans la liqueur de noyau, dans le kirsch, et quel poison contient-elle ?

4. Ces breuvages sont-ils agréables au goût ?

LECTURE

Alexandre et Clitus

Pendant une marche longue et pénible dans les plaines arides de l'Asie Mineure, Alexandre le Grand, roi de Macédoine, et son armée souffraient cruellement de la soif.

Quelques hommes, envoyés à la découverte, trouvèrent un peu d'eau dans le creux d'un rocher et l'apportèrent au roi dans un casque. Alexandre montra cette eau à ses soldats pour les encourager à supporter la soif avec patience, puisque ces quelques gouttes annonçaient une source voisine. Puis, au lieu de la boire, il la répandit à terre aux yeux de toute l'armée, pour ne pas avoir à lui seul une satisfaction refusée aux autres.

Quel est le soldat qui, sous un tel chef, se serait plaint des privations et des fatigues? Quel est celui qui ne l'aurait pas suivi avec joie? Aussi, ce chef et cette armée firent-ils la conquête de l'Asie et fondèrent-ils un des plus vastes empires de l'antiquité.

Malheureusement, Alexandre ne sut pas toujours se montrer, comme ici, maître de lui-même et de sa volonté.

Fig. 22. — **Effets de l'ivresse.**

1. Clitus, pendant un combat, sauve la vie à Alexandre.
2. Alexandre, au milieu d'un festin où il a bu plus que de raison, transperce la poitrine de son sauveur, qui meurt à ses pieds.

Il eut la faiblesse de se laisser aller à l'intempérance, et encourut des regrets qui ne finirent qu'avec la vie. Un de ses généraux, nommé Clitus, était son ami. Clitus avait sauvé la vie à Alexandre au passage du Granique[1], en tuant un ennemi dont l'arme était levée sur le jeune conquérant. A Arbelles[2], Clitus commandait un corps de cavalerie. Il rendit les plus grands services au roi dans ces prodigieuses campagnes qui lui donnèrent l'empire du monde ancien.

Au milieu d'un festin, où tous les convives avaient bu

1. **Granique**, fleuve de l'Asie Mineure.
2. **Arbelles**, ville de l'Asie Mineure, où Alexandre vainquit Darius.

plus que de raison, Clitus, échauffé par le vin, irrité d'entendre rabaisser la gloire des vieux chefs macédoniens, osa mettre les exploits de Philippe au-dessus de ceux de son fils Alexandre. Le roi, ivre lui-même, ne se connaissant plus, se leva, saisit sa lance et en transperça la poitrine de Clitus, qui expira sur le champ.

Le lendemain, revenu à lui-même, Alexandre témoigna le plus violent désespoir. Il avait ainsi récompensé les longs et fidèles services d'un de ses plus glorieux capitaines, d'un de ses amis les plus dévoués.

STEEG, *Les dangers de l'alcoolisme*, F. Nathan, éditeur.

Composition française.

Apéritif signifie *qui ouvre*. On prend des apéritifs sous prétexte d'ouvrir l'appétit.

Énumérez les boissons qu'on désigne ainsi.

Justifient-elles leur nom ? N'ont-elles pas des résultats contraires ?

Quel est le meilleur et le plus efficace des apéritifs ?

QUINZIÈME LEÇON

Les boissons distillées

La force de l'âme, comme celle du corps, est le fruit de la tempérance.

MARMONTEL.

Des expériences scientifiques rigoureuses mettent hors de doute ces deux vérités :

1. 1° *Les alcools de toute provenance, rectifiés ou non, sont des poisons*. Introduits dans le corps à dose suffisante, ils donnent brusquement la mort. Pris à petites doses, ils produisent un empoisonnement lent, mais sûr.

2. 2° *Les essences donnent la mort, après avoir provoqué des*

hallucinations dangereuses et de terribles crises d'épilepsie. A l'action destructive qui leur est propre s'ajoute celle des alcools dans lesquels elles entrent.

3. Le soin de la conservation de la santé commande à l'homme *l'abstinence complète des boissons distillées.* Il n'y a pas à faire de distinction de qualité des alcools, de finesse des liqueurs, de nature des apéritifs.

4. Toutes les boissons distillées s'attaquent aux sources mêmes de la vie organique, et aussi, comme on le verra plus loin, de la vie intellectuelle et de la vie morale; *les porter à ses lèvres, c'est commettre une sorte de suicide,* à moins qu'on ne prenne les alcools ou les essences comme des remèdes, et conformément aux prescriptions d'un médecin.

Questions orales ou écrites.

1. Résumez l'action des alcools sur la vie.
2. Résumez l'action des essences sur la vie.
3. Quelle règle d'hygiène convient-il de suivre à l'égard des boissons distillées?
4. Dans quels cas exceptionnels et à quelles conditions peut-on prendre de l'alcool ou une essence?

LECTURE

Sobriété des Spartiates

La sobriété des Spartiates est restée proverbiale, tout comme leur patriotisme.

Lycurgue, législateur de Lacédémone, voulut faire de ses sujets une nation de guerriers. Craignant que la douceur du climat, la fertilité du sol de la Laconie ne pussent les amollir, il leur donna une constitution sévère. Ses lois les plièrent sous une discipline rigoureuse.

Le jeune Spartiate était élevé dans la pensée qu'il appartenait à l'État. De bonne heure, il était rompu aux exercices du corps destinés à l'endurcir contre la fatigue, contre le chaud et le froid, contre la faim et la soif. Il allait toujours tête et pieds nus; hiver comme été, il portait une même robe qui devait durer toute l'année; il couchait sans couvertures, sur la paille ou sur les roseaux.

Tout Spartiate fondait une famille; mais la constitution de la cité ne lui en laissait pas la complète jouissance. Le repas du soir était pris en commun, entre égaux : c'était une règle qui n'admettait pas d'exception. Au retour d'une expédition contre Athènes, le roi Agis demanda qu'on lui apportât son repas chez lui. Après une longue absence, il avait le désir bien légitime de dîner avec sa femme. Cette faveur lui fut refusée.

Le menu était peu savoureux, tout au moins dans les premières années de l'existence de la cité guerrière. La

FIG. 23. — Afin d'inspirer à leurs enfants, l'horreur de l'ivresse, les Spartiates leur montraient des êtres méprisables, dont la raison était égarée à la suite d'excès de boisson.

frugalité en était la règle; Lycurgue pensait que l'abondance et la variété des mets disposent mal à supporter les fatigues militaires. Les aliments habituellement offerts à l'appétit des convives étaient du pain d'orge, des viandes accommodées sans recherche; mais le plat qui revenait le plus souvent était le brouet noir, sorte de potage grossier, dont se régalaient ces robustes et énergiques guerriers. Pourtant, il n'était point fait pour flatter le palais. Denys, tyran de Syracuse, eut, un jour, la fantaisie de le goûter : « Votre brouet est détestable, dit-il en faisant la grimace. — Vous le trouveriez bon, répliquèrent les Spartiates, si, comme nous, vous aviez fait les exercices de la course et de la lutte. »

Le vin n'était pas banni sans doute de ces agapes[1]; mais il devait être pris modérément; car les Spartiates ne manquaient pas de prémunir la jeunesse contre les dangers de l'ivresse. Afin d'en inspirer l'horreur à leurs enfants, ils leur donnaient le spectacle des esclaves ivres. La vue de ces êtres méprisables qui fléchissaient sur leurs jambes, qui avaient perdu l'usage des sens, et dont la raison était égarée, excitait leur orgueil d'hommes libres, les préservait des excès de la boisson et de la table.

C'est grâce à l'austérité[2] de ses mœurs que Sparte a produit des soldats comme ceux de Léonidas[3], qu'elle a fait la conquête du Peloponèse[4]. Sa décadence a commencé lorsqu'elle s'est relâchée de ses traditions de mâle discipline, et qu'elle s'est laissé gagner par la soif de l'or et de la volupté.

Le souvenir de ses victoires a pu disparaître; vingt siècles après, l'exemple de ses vertus civiques subsiste encore.

Composition française.

Comment les Spartiates inspiraient-ils à leurs enfants le dégoût de l'ivrognerie?

De quoi se composaient les repas de ces robustes soldats?

Où puisaient ils leur appétit?

---

1. **Agapes**, repas amical et fraternel.
2. **Austérité**, sévérité qu'on apporte dans sa nourriture ou dans sa conduite.
3. **Léonidas**, roi de Sparte, héros des Thermopyles; au sacrifice de sa vie, il a arrêté dans ce défilé, avec 300 hommes, l'invasion des Perses, conduits par Xerxès.
4. **Péloponèse**, ou Morée, presqu'île au sud de la Grèce.

DEUXIÈME PARTIE

L'ALCOOLISME AU POINT DE VUE DE LA SANTÉ

SEIZIÈME LEÇON

L'alcool et les aliments

L'alcool n'est pas un aliment : c'est un excitant et un dangereux excitant.

1. On donne le nom d'*aliment* à une substance capable

100 gr. de fromage de gruyère
sont aussi nourrissants que
8 litres de bière.

Fig. 24 — C'est donc une erreur de croire que la bière soit nourrissante : un litre de bière ne vaut pas une bouchée de fromage

de s'incorporer à notre corps, et de réparer les pertes de forces résultant des fonctions organiques.

2. Le type de l'aliment est le blanc d'œuf ou *albumine* ; outre le carbone, l'hydrogène et l'oxygène, il contient l'*azote* indispensable à la reconstitution de nos muscles.

QUANTITE D'ALBUMINE OU DE MATIÈRE NUTRITIVE
contenue dans 100gr. d'aliments ou de boissons.

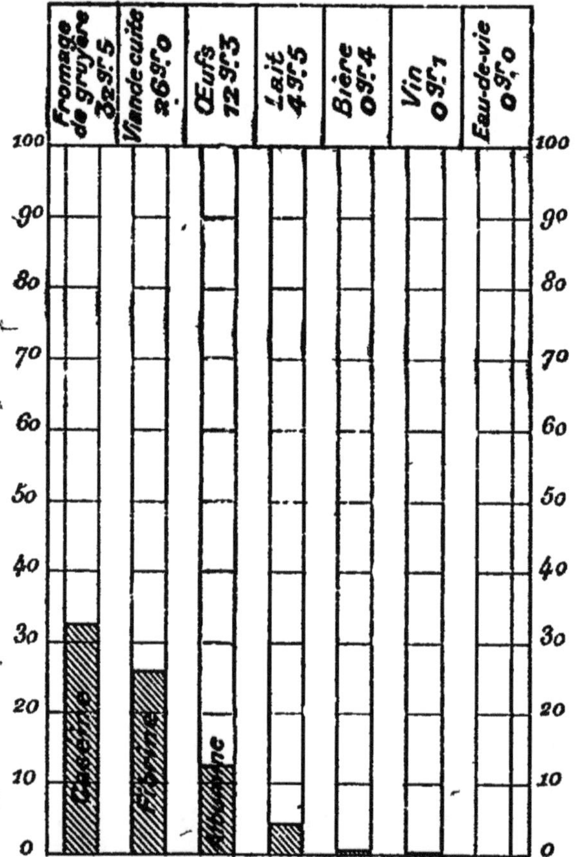

Fig. 25. — Chacune de ces colonnes figure, par sa hauteur, 100 grammes d'aliments ou de boissons A la base on a teinté en noir une bande dont la longueur représente la matière nutritive contenue dans l'aliment. Le fromage de gruyère en contient 33 pour cent, la viande 26 pour cent, les œufs 13 pour cent, le lait 5 pour cent La bière, le vin, ne contiennent que des traces de matière nutritive; l'eau-de-vie en est totalement dépourvue.

3. Les principales matières albuminoïdes sont : la *caséine* du lait, le *gluten* de la farine, la *fibrine* des viandes. C'est pour cette raison que les œufs, le lait, le fromage, le pain, la viande, et certains légumes tels que les haricots, les pois sont très nutritifs[1].

4. L'*alcool* ne contient ni azote, ni albumine : ce n'est pas un aliment. Il est incapable de fournir au muscle des forces de quelque durée.

5. Il n'agit sur lui qu'en l'irritant ; il le fait travailler sans le nourrir ; l'*alcool est un excitant*. C'est de plus un dangereux excitant, en

1. **Nutritif**, nourrissant.

raison des troubles qu'il apporte dans les fonctions vitales.

6. Le vin, la bière renferment des traces d'albumine; mais elles sont insignifiantes. En dépit de l'opinion répandue, un litre de bière n'a pas la valeur nutritive d'un centimètre cube de fromage.

7. Il est donc préférable de consommer à ses repas plus de viande et moins de boisson; il faut se garder de remplacer le potage du matin par le petit verre.

8. *La jeunesse n'a pas d'ailleurs besoin d'excitants : on les réserve pour les malades et les vieillards;* et encore ceux-ci doivent-ils les prendre avec mesure.

Questions orales ou écrites.

1. Comment définit-on un aliment?
2. Quel est le type de l'aliment?
3. Citez des matières albuminoïdes.
4. L'alcool est-il un aliment ?
5. Pourquoi l'alcool est-il un excitant et un mauvais excitant?
6. Le vin, la bière sont-ils nutritifs?
7. Quelle règle faut-il suivre pour son alimentation?
8. A qui conviennent les excitants?

LECTURE

Le gouffre

« Pierre, savez-vous ce que c'est qu'un gouffre?

— Oui, Monsieur, c'est un grand trou.

— Si grand, si profond, que tout ce qui y tombe s'y perd et disparaît. Savez-vous quel est le plus grand de tous les gouffres?

— C'est la mer.

— Non, c'est la bouche. »

A ces mots, les bouches s'ouvrent comme par enchantement, les unes pour rire, les autres d'étonnement.

« Cela vous surprend, mes petits amis; et pourtant c'est la vérité pure. N'avez-vous jamais entendu dire, en parlant d'un tel ou d'un tel : « Il a mangé sa fortune? »

— Oui, Monsieur.

— Et quelquefois même : « Il a dévoré sa fortune » ? Or avec quoi mange-t-on, dévore-t-on, je vous prie, sinon avec la bouche? Et une fortune, ce n'est pas peu de chose, ce n'est pas l'affaire d'une bouchée. Il y a des fortunes qui s'élèvent à plusieurs millions; des fortunes qui comprennent des maisons, des châteaux, des palais, des terres, des bois, des villages entiers. Et ce ne serait pas un gouffre, une bouche qui avale des châteaux, des domaines? Vous voyez bien que j'avais raison. Les grandes fortunes, les fortunes princières, comme on dit, se mangent tout aussi aisément que les petites, parce que le gouffre dont nous parlons est sans fond; et, par conséquent, ce qu'on y jette ne le remplit pas; il est toujours avide.

Fig. 26. — Châteaux, terres, bois entiers, palais et domaines, peuvent être engloutis par le gaspillage de l'homme gourmand et intempérant. La bouche est un gouffre, capable d'absorber les plus grosses fortunes.

Il est vrai de dire que les fortunes ne se mangent pas seulement, elles se boivent, et la chose n'est que trop fréquente par le temps qui court; pas n'est besoin de chercher longtemps pour trouver des ivrognes, on a plus à faire pour les éviter. Mais manger ou boire, tout cela tombe dans le même gouffre, et souvent la raison avec; ou, pour mieux dire, c'est la raison qui tombe la première, car, si les mangeurs et les buveurs conservaient un reste de raison, ils s'arrêteraient avant d'avoir tout bu ou tout mangé. Malheureusement, quand l'habitude est prise, tout y passe. Pour le viveur, pour l'ivrogne, il n'y a plus au monde ni parents, ni enfants, ni amis; il n'y a que la table et la bouteille.

Avis aux gourmands, s'il en est parmi vous; car il y a

un commencement à tout, et les défauts de l'enfant sont les racines des vices de l'âge mûr. » A. VESSIOT.

Composition française.

Un épi de blé et une grappe de raisin discutent sur les services qu'ils rendent à l'homme. Comme ils ne sont pas d'accord, ils font appel à la sagesse d'un merle qui tranche le débat.

Composez la fable.

DIX-SEPTIÈME LEÇON

L'alcool et la soif

L'alcool n'est pas un désaltérant : qui a bu boira.

1. L'*alcool se combine avec l'eau;* le mélange s'échauffe et diminue de volume.

2. Il est facile de constater ce fait en remplissant à moitié d'eau un long tube de verre fermé à l'une de ses extrémités, et en achevant de le remplir avec de l'alcool. Plus léger, l'alcool surnage. Si on ferme avec un doigt l'extrémité ouverte et qu'on retourne le tube, le mélange s'opère: on constate à la partie supérieure un vide de 4 cmc. sur 100; *l'alcool a bu de l'eau.*

Vide
Alcool
Mélange
Eau

FIG. 27. — L'alcool se combine avec l'eau en diminuant de volume.

3. Cette propriété explique la sensation de chaleur et de sécheresse qu'éprouvent les buveurs d'eau-de-vie: l'*alcool dessèche et enflamme les membranes,* en leur enlevant l'eau et les sucs qui les recouvrent; cette action est la cause même des troubles qu'il occasionne dans le tube digestif.

4. *La soif inextinguible*[1] des buveurs est aussi proverbiale que leur entêtement. *Qui a bu boira*, dit-on; il faut entendre par là non que l'ivrogne ou l'alcoolique soit incorrigible; mais que

1. **Inextinguible**, qu'on ne peut éteindre.

plus il prend de liquide, plus il a besoin d'en avaler. Il entretient lui-même, sans s'en douter, cette soif qu'il ne réussit pas à calmer, et qu'il présente comme une excuse à ses excès.

Questions orales ou écrites.

1. Que se passe t-il quand on mélange de l'alcool et de l'eau?
2. Décrivez une expérience qui mette en évidence l'affinité de l'alcool pour l'eau.
3. Quelle est la conséquence de cette propriété de l'alcool au point de vue de son action sur nos membranes?
4. Comment s'explique la soif du buveur?

LECTURE

Une leçon de tempérance

Lorsque Cyrus, fils de Cambyse, prince perse, eut atteint sa douzième année, sa mère le conduisit chez son grand-père Astyage, roi des Mèdes. Il trouva dans cette cour des mœurs bien différentes de celles des Perses, car les Mèdes vivaient dans la mollesse; la vie des Perses, au contraire, était rude et laborieuse.

Un jour qu'il assistait à un repas très somptueux, dans lequel on avait tout prodigué, il parut indifférent à tout ce fastueux[1] appareil. Comme Astyage en était surpris : « Les Perses, dit-il, ne prennent pas tant de détours ni de circuits pour apaiser leur faim : un peu de pain et de cresson leur suffit. » Son grand-père lui ayant permis de disposer à son gré de tous les mets qui étaient servis, il les distribua à tous les officiers du roi, pour les récompenser de leurs services; mais il ne donna rien à Sacas, l'échanson[2] d'Astyage. Le roi se montra sensible à cet affront, et reprocha vivement à Cyrus d'avoir manqué d'égards envers un officier si distingué par son dévouement et par l'adresse merveilleuse avec laquelle il lui servait à boire : « Ne faut-il que cela, répartit Cyrus, pour mériter vos bonnes grâces? Je les aurai bientôt

1. **Fastueux**, qui a du faste, c'est-à-dire un grand luxe.
2. **Échanson**, officier dont la charge était de servir à boire.

gagnées; car je me fais fort de vous servir mieux que lui. » Aussitôt, on équipe le petit Cyrus en échanson. Il s'avança gravement d'un air sérieux, la serviette sur l'épaule; tenant la coupe délicatement de trois doigts, il la présenta au roi avec une grâce et une dextérité qui charmèrent Astyage. Quand cela fut fait, il se jeta au cou de son grand-père, et, en le baisant, il s'écria plein de joie : « O Sacas! pauvre Sacas! te voilà perdu! j'aurai ta charge. » Astyage lui dit, en lui témoignant beaucoup d'amitié : « Je suis très content, mon fils, on ne peut pas mieux servir; vous avez cependant oublié une cérémonie qui est essentielle, c'est de goûter la liqueur que vous m'avez présentée.

— Ce n'est point du tout par oubli, reprit Cyrus, que j'en ai usé ainsi.

— Et pourquoi donc? dit Astyage.

Fig. 28. — A l'âge de douze ans, Cyrus donna une leçon de sobriété à son grand'père Astyage.

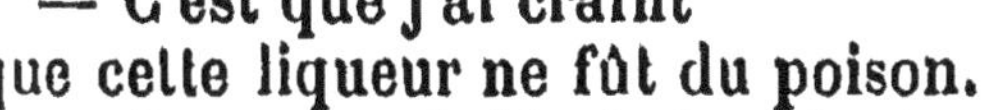

— C'est que j'ai craint que cette liqueur ne fût du poison.

— Du poison! s'écria le roi, et comment cela?

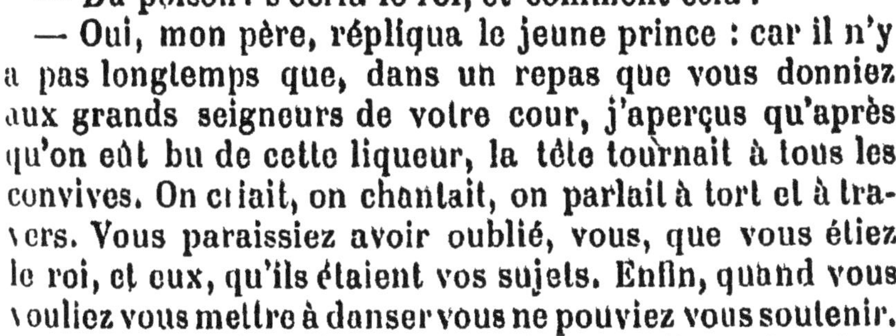

— Oui, mon père, répliqua le jeune prince : car il n'y a pas longtemps que, dans un repas que vous donniez aux grands seigneurs de votre cour, j'aperçus qu'après qu'on eût bu de cette liqueur, la tête tournait à tous les convives. On criait, on chantait, on parlait à tort et à travers. Vous paraissiez avoir oublié, vous, que vous étiez le roi, et eux, qu'ils étaient vos sujets. Enfin, quand vous vouliez vous mettre à danser vous ne pouviez vous soutenir.

— Comment! reprit Astyage, n'arrive-t-il pas la même chose à votre père?

— Jamais! répondit Cyrus; quand il a bu, il cesse d'avoir soif, et voilà tout ce qui lui en arrive. »

ROLLIN.

Composition française.

Le capitaine Fouret, de la mission Marchand, qui a traversé l'Afrique, commande l'arrière-garde.

Les femmes des soldats soudanais, qui accompagnent la colonne, ont l'habitude de distiller pour leurs maris le riz fermenté.

Le capitaine réunit ses hommes, leur déclare que cette boisson excite leur soif, épuise leurs forces, et les presse d'y renoncer.

Faites le récit.

DIX-HUITIÈME LEÇON

L'alcool et le froid

L'alcool ne réchauffe pas; il éteint la sensibilité à la façon d'un narcotique.

1. Les substances capables d'entretenir la chaleur du corps sont les *huiles*, les *graisses*, l'*amidon*, le *sucre*; elles alimentent la combustion interne, en fournissant du carbone et de l'hydrogène à l'oxygène que l'air introduit dans les poumons.

2. Bien que sa composition soit identique, l'alcool est peu propre à cet usage. Comme on le verra plus tard, il circule dans les veines, s'emmagasine dans les organes, sans contribuer à la combustion.

3. C'est donc une erreur grossière de *croire que l'alcool réchauffe*. Une illusion de peu de durée suit l'absorption de la boisson alcoolique. Le sang afflue vers la peau, qu'il rougit et échauffe; mais, comme il présente aussitôt une grande surface de contact avec l'air ambiant[1], il ne tarde pas à se refroidir; finalement et même assez vite, *la température du corps s'abaisse* notablement.

1. **Ambiant**, qui entoure, enveloppe.

4. Des savants ont constaté que, chez un chien auquel on avait administré de l'alcool, la *température du corps est tombée de plus de 15 degrés.*

5. Sans doute, à la façon d'un faible *narcotique*[1], l'alcool endort la sensation de douleur ; mais il ne supprime ni le froid, ni la faim, ni la fatigue.

6. Les grands explorateurs des régions polaires, Nordenskiold, Nansen, n'ont pas emporté des provisions d'alcool pour leurs voyages.

Questions orales ou écrites.

1. Quelles sont les substances capables d'entretenir la chaleur du corps, et quelle est leur composition?

2. L'alcool contribue-t-il à entretenir la chaleur?

3. Expliquez le préjugé de l'alcool réchauffant, et montrez comment il refroidit le corps.

4. Citez l'expérience faite sur un chien.

5. Quelle action l'alcool exerce-t-il sur les sensations?

6. Citez le témoignage d'explorateurs du pôle nord.

LECTURE

Témoignage d'un explorateur

En voyage d'exploration aux régions polaires, Ross fut obligé d'hiverner avec tout son équipage à quelque distance de son vaisseau pris dans les glaces. Voici ce qu'il raconte lui-même au sujet de l'usage de l'alcool :

Si je dois à nos hommes la justice de dire qu'ils montrèrent toujours la plus grande ardeur, ils méritent encore plus d'éloges pour la résignation avec laquelle ils accomplirent un sacrifice vraiment méritoire. J'étais le seul qui ne bût aucune liqueur spiritueuse; et tous, excepté moi, avaient eu de violents maux d'yeux. Je leur représentai que l'usage du grog en était la cause, et je leur proposai d'y renoncer, leur faisant remarquer en même temps que, quoique le plus âgé de tous, j'étais celui qui supportait le mieux la fatigue et le froid. Aucun n'hésita à y consentir. Ils avaient un réel mérite à

1. **Narcotique**, substance qui provoque le sommeil.

cela : il s'agissait, pour eux, de renoncer à une vieille habitude des marins; de plus, ils avaient toujours cru que cette boisson contribuait principalement à soutenir leurs forces. Nous rapportâmes donc au vaisseau tout ce qui nous restait de la provision dont nous nous étions munis. Aucun d'eux ne se plaignit de la privation, ni ne la regretta.

Il est pourtant difficile de persuader aux hommes, même à ceux qui n'ont pas l'habitude constante de boire des liqueurs spiritueuses, *qu'elles affaiblissent le corps au lieu de le fortifier*. L'eau de vie est un stimulant qui donne un courage momentané, et cet effet est pris pour une augmentation de forces. Mais la plus légère attention prouvera que le résultat est tout autre. Qu'on donne à des hommes occupés d'un travail constant et pénible un verre de grog, ou un petit verre d'eau-de-vie : on verra, souvent au bout de quelques minutes, qu'ils deviennent languissants et faibles, et qu'ils finissent par perdre leurs forces, ce qu'ils attribuent à la continuation de leurs travaux fatigants.

FIG. 29. — Les explorateurs qui supportent le mieux les rigueurs du climat polaire sont ceux qui ne boivent pas d'alcool.

Celui qui voudra faire la même expérience sur les équipages de deux barques ramant sur une mer houleuse[1], sera bientôt convaincu que les buveurs d'eau surpassent beaucoup les autres en courage et en vigueur. Il ne faut pas de meilleure preuve de ce fait que

1. **Houleux**, se dit de la mer agitée par la tempête.

l'expérience des ouvriers qui travaillent aux fonderies de fer. C'est l'ouvrage le plus pénible dont un homme puisse être chargé; et ceux qui s'en occupent savent fort bien qu'ils ne pourraient en venir à bout, s'ils buvaient même de la bière; aussi l'eau est-elle leur seule boisson pendant toutes les heures employées à ce rude travail.

Si les charretiers et les porteurs de charbon de Londres sont d'un avis différent, chacun sait ce qui en résulte.

J. Ross.

Composition française.

D'où provient la croyance d'après laquelle l'alcool réchauffe? Montrez qu'elle est fausse.

Quelles substances mangent ou boivent avec raison les habitants des régions polaires pour lutter contre le froid?

Citez le témoignage des explorateurs.

DIX-NEUVIÈME LEÇON

Action sur l'estomac

Les véritables jours de fête pour toi doivent être ceux où tu as surmonté une tentation.

ÉPICTÈTE.

1. Des organes du tube digestif, l'*estomac* est le plus important; c'est surtout par son action, par celle du *suc gastrique* qu'il sécrète, que les aliments sont transformés en un liquide assimilable[1].

2. Ce liquide, le *chyle*, passe dans le sang et nourrit le corps. On comprend que, si la fonction digestive s'arrête ou s'accomplit mal, tout l'organisme soit atteint.

1 **Assimilable**, qui peut s'assimiler au corps, entrer dans sa composition.

3. L'estomac de l'homme est une poche molle, flasque et, par suite, assez faible. En y introduisant trop d'aliments, trop de liquides, on le distend outre mesure ; il n'a ni assez d'élasticité, ni une puissance musculaire suffisante pour réagir. Or, par une inexplicable aberration[1] d'esprit, nous marquons les événements heureux de notre vie en faisant bombance.

4. Les grands buveurs digèrent mal, parce que la boisson qu'ils ingurgitent *dissout le suc gastrique et ralentit son activité chimique.*

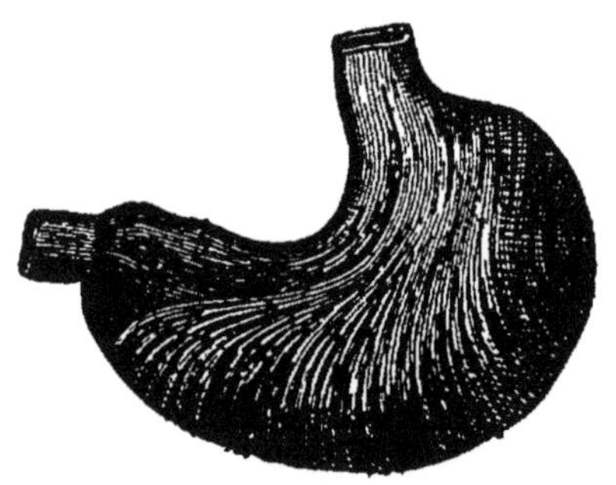

Fig. 30. — **Estomac sain** — L'estomac est une poche musculaire, de forme allongée. Il sécrete le *suc gastrique*, liquide incolore, limpide, dont le principe actif est la pepsine. C'est par l'action de ce liquide et par la contraction des parois de l'estomac que se fait la digestion des aliments.

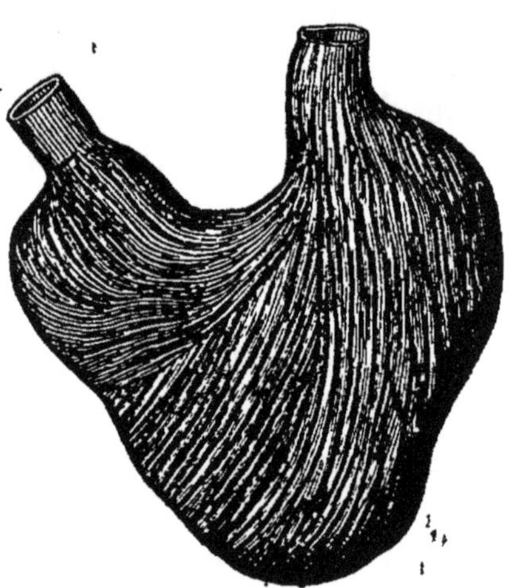

Fig. 31. — **Estomac atteint de dilatation** (vue extérieure). — L'introduction, dans l'estomac, de quantités considérables de liquide, déforme cet organe, l'affaiblit, et le rend incapable de sécréter le suc gastrique et de digérer les aliments.

5. En outre (et c'est le cas des buveurs de bière), ils sont exposés à des *dilatations d'estomac* qui font de cet organe un véritable sac inerte et inapte à sa fonction.

6. En bonne hygiène, il convient *de boire modérément*, et de *ne pas introduire de boisson dans un estomac à jeun.*

7. Les véritables jours de fête ne sont pas ceux où l'on mange avec excès, mais ceux où l'on a su réprimer un désir.

---

1. **Aberration**, égarement, trouble de l'intelligence.

Questions orales ou écrites.

1. Quelle est la fonction de l'estomac dans la digestion.
2. Qu'est ce que le chyle et que devient-il ?
3. Décrivez l'estomac de l'homme.
4. Quel est l'effet d'une boisson abondante sur le suc gastrique ?
5. D'où proviennent les dilatations d'estomac.
6. Quelle règle faut-il adopter pour la boisson ?
7. Que pensez-vous de l'habitude qu'on a de marquer les fêtes par l'excès du boire ou du manger?

LECTURE

L'Ivrogne et le Pourceau

Fig. 32. — S'il y a, dans la vie d'un porc, un instant où cet animal peut être fier de lui, c'est certainement celui où il se trouve en présence d'un ivrogne.

Contre une borne, au coin d'un mur,
Un citoyen se roulait dans la crotte;
Il était, comme on dit dans le peuple, en ribote;
Il s'était aplati là, comme un beau fruit mûr,
La bouche ouverte, l'œil stupide,
Et sans souci du lendemain
Non plus que du respect humain,
Cuvait mollement son liquide.
Près de lui, dans le même coin,
S'étalait un beau tas d'ordures;
En cherchant quelques épluchures,
Un pourceau qui passait vint y fourrer son groin :
— « Veux-tu t'en aller, sale bête ! »
Dit l'ivrogne en l'apostrophant.

L'animal, quoique bon enfant,
Avait son amour-propre; il releva la tête,
Et, s'éloignant de quelques pas,
S'assit sur son train de derrière :
— « Eh bien non, lui dit-il, je ne te ferai pas
« L'honneur de me mettre en colère;
« Mais ces mots-là, de bonne foi,
« Font dans ta bouche une étrange figure !
« Où trouver une créature
« Plus bête et plus sale que toi ?
« Te voilà vautré dans l'ordure,
« De l'univers, toi qui te dis le roi !
« Et demain tu seras malade !
« Tu diras : « J'ai mal aux cheveux ! »
« Mais s'il se trouve un camarade,
« Vous recommencerez à vous soûler tous deux !
« Ah ! tu m'appelles : Sale bête !
« Mais que dirais-tu donc si tu voyais ta tête,
« Ces cheveux éméchés et ce nez violet,
« Ce pantalon et ce gilet
« Souillés par le trop plein de ta débauche infâme,
« Cette échine avachie[1] et ces membres perclus?[2]
« Je cherche où peut être ton âme,
« Car tu n'es qu'un trou, rien de plus !
« Va, reste là dans la boue où tu grognes,
« Plus ignoble qu'un vieux torchon !
« Ah ! qu'on est fier d'être Cochon
« Quand on regarde les ivrognes ! » STOP.

Composition française.

PARI STUPIDE

A la suite d'une discussion dans laquelle chacun vante ses prouesses, Jacques et André parient à qui boira le plus de bière.

Pierre, qui les entend, leur montre à quoi ils s'exposeraient, leur dit qu'un mulet les surpasserait dans ce tour de force stupide, et leur fait comprendre en quoi consiste la véritable supériorité de l'homme.

Conclusion.

---

1. **Avachi**, mou et déformé, terme familier.
2. **Perclus**, privé de mouvement.

VINGTIÈME LEÇON

Action sur l'estomac (Suite)

La tempérance, c'est le bonheur à bon marché.

1. Au contact de la *muqueuse de l'estomac*, l'eau-de-vie agit autrement que l'eau ou que la bière faible. Elle y amène un afflux de sang et la *congestionne*.

2. Puis, en raison de son action irritante, elle y détermine

Fig. 33. — **Estomac sain ouvert.** — La muqueuse présente des plis longitudinaux qui augmentent la surface de contact des aliments ; elle est tapissée de près de cinq millions de glandes à pepsine.

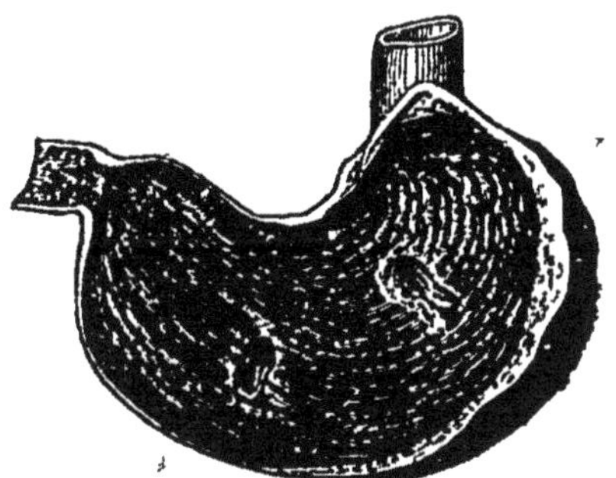

Fig. 34. — **Estomac ulcéré ouvert.** — L'alcool irrite la muqueuse de l'estomac ; elle devient d'un rouge vif : elle est *congestionnée*. Puis l'inflammation augmente ; des plaies se déterminent : l'estomac est *ulcéré*.

une *inflammation* dont la gravité augmente à mesure que diminue l'appétit, et qui souvent est accompagnée d'*ulcérations*, c'est-à-dire de plaies, véritables brûlures qui rongent progressivement la membrane.

3. L'estomac alors se resserre, se ramasse sur lui-même en un tissu dur qui cesse de sécréter le suc gastrique nécessaire. Il ne conserve qu'un faible pouvoir digestif, d'où des digestions lentes et pénibles.

4. Ces ulcérations stomacales sont la cause de la *pituite matinale*. On appelle ainsi les vomissements de liquides glaireux, sanguinolents dont les alcooliques sont pris à leur réveil, et qu'ils combattent par de nouvelles rasades, au lieu

de s'arrêter avant que le mal, qui est déjà grave, ne soit devenu irrémédiable[1].

5. Le *lait*, à la fois remède et aliment, est moins onéreux que les boissons frelatées.

Questions orales ou écrites.

1. Que produit l'alcool au contact de la muqueuse stomacale ?
2. Quelles conséquences entraîne une inflammation prolongée ?
3. Quels sont les effets de l'alcool sur la digestion ?
4. Qu'est-ce que la pituite matinale ?
5. Quels sont les avantages du lait ?

LECTURE

Le génie malfaisant

Les Levantins, dans leurs légendes, racontent qu'un riche marchand, à la venue d'un nouveau-né, convia à un festin fées et génies, qui, dit-on, peuplent encore ces lointains pays.

Fig. 35. — En vouant le nouveau-né à l'intempérance, le mauvais génie lui avait apporté le pire des souhaits.

Nombreux furent les cadeaux et brillants furent les sorts.

Le brave homme, au comble du bonheur, remerciait ses hôtes de leur puissante protection, quand un mauvais génie, qu'on avait oublié d'inviter, apparut près du berceau.

« Ton fils, dit-il au père, d'une voix courroucée[2], sera méchant, voleur et assassin. »

Le pauvre homme, désolé, se jeta aux pieds du génie

1. **Irrémédiable**, sans remède.
2. **Courroucé**, en colère.

trouble-fête, s'excusant de son mieux et demandant grâce pour l'innocent.

« Bien, répondit l'autre; si tu préfères, il ne sera qu'intempérant. »

Intempérant! qu'était-ce à côté des terribles sorts jetés tout d'abord par le malencontreux génie! L'espoir et la joie regagnèrent le cœur du pauvre père.

Hélas! le dieu malin l'avait abusé; l'ivrognerie rendit le fils du marchand un très mauvais sujet : sous l'influence de son intempérance, il devint voleur, et assassina son père dans un accès d'ivresse.

Ce conte prouve que si, avec quelque raison, l'on a fait de la paresse la mère de tous les vices, l'on peut, sans crainte, en attribuer à l'alcoolisme toute la paternité.

Dr Noir.

Composition française.

Paul dit à son père que, se rendant en classe le matin, il a entendu un ouvrier qui en invitait un autre à « tuer le ver » avec lui. Il demande ce qu'il faut entendre par là.

Son père lui explique l'expression, et lui fait connaître les effets de l'alcool sur l'estomac et les intestins.

VINGT ET UNIÈME LEÇON

Action sur le foie

La tempérance et le travail sont les vrais médecins de l'homme; le travail aiguise son appétit, et la tempérance l'empêche d'en abuser.

J.-J. Rousseau.

1. Le *foie* est l'une des glandes qui concourent à la digestion. Il sécrète un liquide, la *bile*, qui se déverse dans les intestins.

2. La bile transforme les matières grasses avant qu'elles

passent dans le sang; elle retarde la putréfaction[1] des résidus que le tube digestif rejettera au dehors.

3. Cette double fonction peut être compromise par l'alcool qui passe en quantité considérable dans le foie. Dans certains cas, cet organe *augmente démesurément de volume*, s'enveloppe de graisse et produit en abondance de la bile qui envahit l'organisme : c'est la *jaunisse*. Dans d'autres cas, au contraire, le foie se ratatine, se durcit et cesse de fonctionner : c'est la *cirrhose*.

4. Il est à remarquer que la cirrhose se développe sournoisement, sans qu'aucun signe inquiétant la révèle.

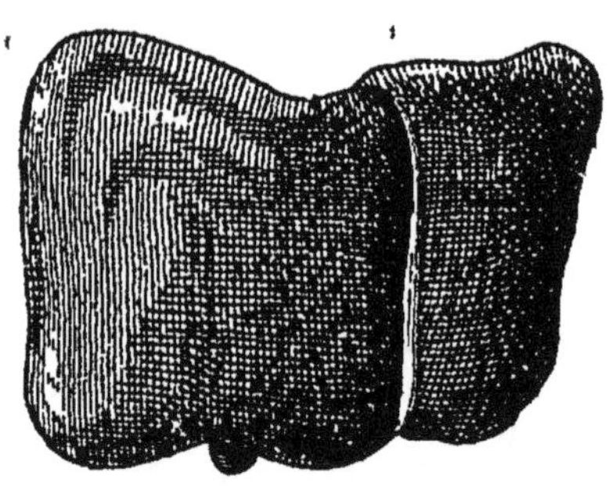

Fig. 36. — **Foie sain.** — Le foie est une glande ordinairement rouge brun qui sécrète la bile. Cet organe contribue à digérer les matières grasses et à épurer le sang.

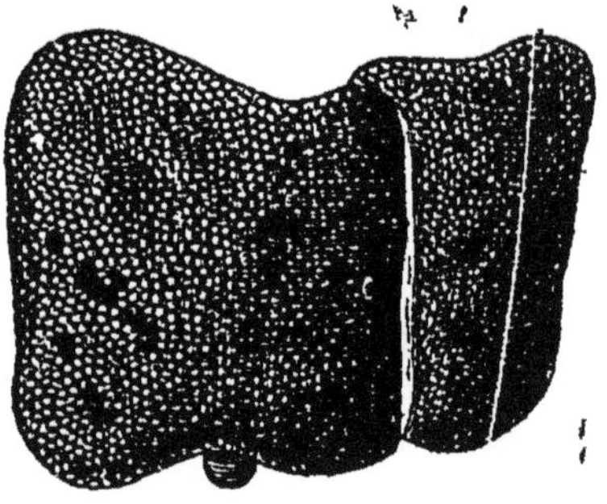

Fig. 37. — **Foie atteint de cirrhose.** — Le foie des buveurs se couvre de granulations rousses. Le tissu s'altère, se durcit; il cesse de sécréter la bile : c'est la cirrhose alcoolique.

5. *Elle fait surtout des victimes parmi les personnes qui boivent sans se griser*, parmi celles qui exercent des professions sédentaires[2], parce qu'elles n'expulsent ni ne brûlent l'alcool.

Questions orales ou écrites.

1. Qu'est-ce que le foie, et quel liquide sécrète-t-il ?

2. Quelle est la fonction de la bile dans la digestion ?

3. Quelles sont les deux maladies que l'alcool peut occasionner au foie ?

4. Comment la cirrhose se développe-t-elle ?

5. Quelles sont les personnes les plus exposées à la cirrhose.

1. **Putréfaction**, décomposition des corps qui ont cessé de vivre.
2. **Sédentaire**, qui reste chez soi, ne se déplace pas.

LECTURE

Le mari ivrogne

Bardaine était le maquignon le plus renommé de la région. Nul ne s'entendait comme lui à faire valoir les formes d'un cheval; nul non plus n'avait comme lui ce coup d'œil sûr qui découvre les tares[1] et déjoue les fraudes des marchands. Il faisait d'importantes affaires, car il charmait éleveurs et amateurs par sa familiarité et

Fig. 38. — Quand on prend l'habitude de traiter ses affaires à l'auberge, on ne tarde pas à laisser au fond des verres le bénéfice des marchés.

surtout par ses largesses au cabaret. C'est au cabaret qu'un maquignon qui se respecte fait ses transactions : nul lieu n'est, paraît-il, plus favorable pour conclure un marché. Comment débattre les conditions, si on n'a le verre à la main?...

Le cabaret, Bardaine l'aimait, pour son bruit excitant, pour son atmosphère enivrante. Très entouré, il offrait de larges rasades; avec de gais compagnons comme lui, il faisait de copieux repas; on engloutissait saucisses et grillades, qu'on arrosait de vins rouges frelatés et de vins blancs capiteux. Puis, le café était le prétexte à des tas-

1. **Tare**, défaut d'un animal.

ses d'eau-de-vie qui brûlaient le palais, et sans lesquelles il n'y a pas, disait-il, de bonne digestion.

Le soir, il rentrait au logis, la tête alourdie, le dégoût au cœur, la parole embarrassée. Il avait confié la garde de ses chevaux à des palefreniers qui les ramenaient dans la nuit, non sans faire, à l'imitation de leur patron, de fréquentes stations aux auberges de la route.

Sa femme, Julie, était une douce personne, affinée par l'éducation, et qui possédait une certaine fortune. Elle avait épousé le marchand de chevaux, séduite par ses airs pleins d'aisance, sa parole abondante et spirituelle. Il fallut bientôt déchanter. Les dernières illusions de Julie se dissipèrent le jour où Bardaine vint lui avouer qu'il avait fait des spéculations malheureuses; le crédit lui était refusé. Dans sa conception de la probité Bardaine se serait accommodé du concordat[1] consenti par les créanciers. Julie était plus scrupuleuse sur l'honneur : sans hésiter, elle réalisa sa fortune, et paya toutes les dettes. Avec les quelques fonds qui lui restèrent, elle acheta une petite ferme aux environs.

Bardaine cessa de fréquenter régulièrement les marchés des bourgades; mais il visita les cabarets des hameaux voisins. Là, toute la journée, dans l'atmosphère épaissie du bouge, le soir, à la lueur douteuse de la chandelle, les cartes graisseuses s'abattaient sur la table empuantie. On buvait des vins chauds; on vidait des petits verres; les rincettes succédaient aux chopines.

Aux dépenses de l'homme paresseux et avili, la courageuse Julie opposait tout l'effort de son travail et toutes les ressources de son économie. Elle éleva des poules, des oies, des dindons, des lapins; elle solda sans se plaindre les notes des cabaretiers et les pertes de jeu.

Mais tout a une fin : la santé de l'ivrogne s'affaiblit. Un soir d'hiver, il sortit de l'auberge tout congestionné par la chaleur du poêle et l'ivresse de l'alcool. Le froid

1. **Concordat**, accommodement consenti par les créanciers à un commerçant ayant fait de mauvaises affaires.

vif le saisit, il fallut s'aliter; une violente fièvre se déclara, il mourut, hanté dans son délire, par les vins chauds et les liqueurs.

Cet être inutile n'a pas laissé d'amis. Une seule personne pleura à son enterrement : sa femme, la douce, l'idéale Julie, dont la malheureuse existence avait été un continuel sacrifice.

Composition française.

Racontez qu'après sa ruine, Bardaine rompant avec ses habitudes s'est mis à travailler, et imaginez ce qui est survenu.

VINGT-DEUXIÈME LEÇON

Action sur le cœur

L'alcoolisme chronique est une vieillesse anticipée[1].

LANCEREAUX.

1. Sous l'influence de l'alcool, le *cœur* s'enveloppe, *se gorge de graisse*; il accomplit mollement et de façon intermittente[2] sa fonction vitale, qui est de refouler le sang dans toutes les parties du corps.

2. Les *artères* elles-mêmes, dans lesquelles se forment des dépôts graisseux, ou pierreux, se prêtent mal à la circulation du sang, et la nutrition[3] s'opère incomplètement.

3. L'alcool paralyse les *nerfs* dits *vaso-moteurs* qui président au mouvement des artères; la circulation du sang se

---

1. **Anticiper**, prendre avant. *Vieillesse anticipée*, vieillesse qui se manifeste avant l'âge.
2. **Intermittent**, sans suite, avec des interruptions.
3. **Nutrition**, fonction par laquelle le sang nourrit le corps.

ralentit. Il peut arriver alors que le sérum se sépare et se

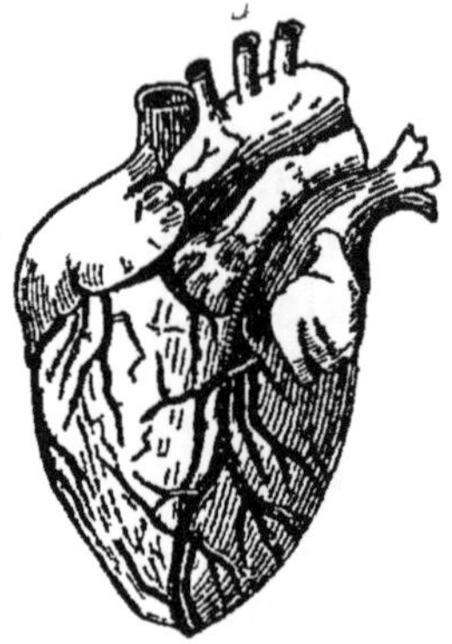

FIG. 39. — **Cœur sain.** — Le cœur est l'organe essentiel de la vie : c'est un muscle creux, de la grosseur du poing. Par ses mouvements alternatifs de contraction et de dilatation, il est à la fois le moteur et le régulateur de la circulation du sang.

FIG. 40. — **Cœur graisseux.** — Sous l'influence de l'alcool, le cœur s'enveloppe d'une couche de graisse qui l'envahit et nuit à la régularité et à la force de ses battements.

coagule. Un *caillot* se forme qui arrête brusquement la circulation : la mort en résulte par paralysie du cerveau ou par asphyxie pulmonaire.

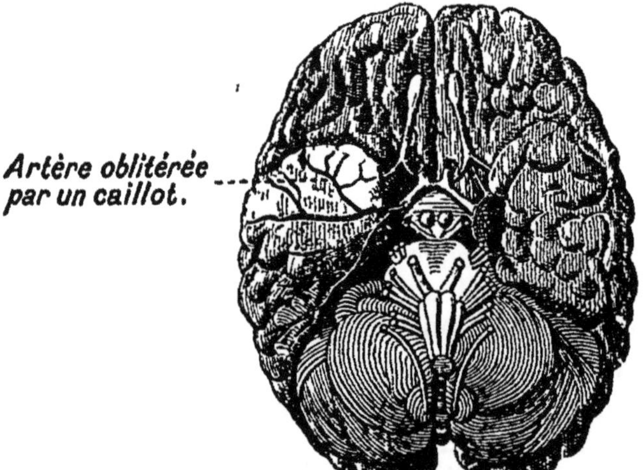

FIG. 41. — **Troubles de la circulation** — Le sérum du sang se sépare de la masse et se coagule. Le caillot ainsi formé occasionne la mort par paralysie du cerveau ou asphyxie pulmonaire.

4. *Un alcoolique a le cœur, les artères, les veines d'un vieillard :* ce n'est pas là une comparaison, une image; c'est l'expression exacte de la vérité.

5. Au point de vue organique, ce qui caractérise la jeunesse, c'est l'admirable élasticité des vaisseaux sanguins; obéissant à l'impulsion du cœur et la continuant, ils s'élargissent et se resserrent alternativement au passage du sang. Souples chez les jeunes gens, ils sont presque inertes chez les vieillards.

6. Un appareil ingénieux permet de constater et de dessiner par une courbe sinueuse le degré d'élasticité des artères. A cet appareil, faisons passer successivement un homme jeune et sain, un vieillard, un alcoolique. La courbe des pulsations[1] du premier est différente de celle des deux autres; celle qu'accuse l'alcoolique est identique à celle que donne le vieillard.

7. Avec le poison, *l'alcoolique boit ses années de vie ;* à trente ans, il est déjà vieux.

Questions orales ou écrites.

1. Quelle est l'influence de l'alcool sur le cœur?
2. Quelle est son influence sur les artères?
3. Comment la circulation peut-elle s'arrêter brusquement?
4. Quelle ressemblance y a-t-il entre l'alcoolisme et la vieillesse?
5. Quelle différence caractérise la jeunesse et la vieillesse sous le rapport de la circulation du sang?
6. Comment prouve-t-on expérimentalement que l'alcoolisme chronique est une vieillesse anticipée?
7. Que conclure de cette constatation?

LECTURE

Hercule choisissant sa route

A peine sorti de l'enfance, Hercule arrivait à cet âge où les jeunes gens, déjà maîtres d'eux-mêmes, laissent voir s'ils entreront dans la vie par le chemin de la vertu ou par celui du vice. Il se retira dans la solitude et s'y reposa, indécis sur la route qu'il allait choisir.

1. **Pulsation**, battement du pouls.

Deux femmes d'une taille extraordinaire se présentèrent à ses yeux. L'une d'elles, richement parée, s'avança vers le jeune homme d'un pas indolent, et lui dit :

« Je le vois, Hercule, tu hésites sur la route que tu dois suivre : si tu veux me prendre pour amie, je te conduirai par le chemin le plus heureux et le plus facile ; tu goûteras tous les plaisirs, et tu vivras exempt de peines. Tu passeras ta vie à chercher des mets et des boissons agréables, à découvrir ce qui pourra réjouir tes yeux et tes oreilles, flatter ton odorat.

Fig. 42

Hercule, fatigué de sa tâche éternelle,
S'assit un jour, dit-on, entre un double chemin :
Il vit la Volupté qui lui tendait la main ;
Il suivit la Vertu qui lui sembla plus belle.
A. de Musset.

— Femme, quel est ton nom? lui dit Hercule après l'avoir écoutée.

— Mes amis, répondit-elle, m'appellent la *Félicité*[1] ; mes ennemis, pour m'outrager, me nomment la *Mollesse*.

L'autre femme portait une robe blanche ; sa tenue était modeste, sa démarche noble. Elle s'avança :

« Je viens aussi vers toi, Hercule, lui dit-elle, dès ton enfance, ceux qui t'ont donné le jour m'ont fait connaître à toi : je suis la *Vertu*.

Si tu prends la route qui mène vers moi, tu acquerras auprès des hommes de bien honneur et considération. Je ne veux point te tromper par des promesses de plaisirs. Sans le travail et la constance, les hommes

1. **Félicité,** bonheur suprême.

ne font rien de beau et d'honorable : si tu veux que tes amis te chérissent, tu dois être leur bienfaiteur; si tu veux que ton pays t'honore, tu dois le servir; si tu veux que la terre te donne libéralement ses fruits, tu dois la cultiver. Si tu veux acquérir la force du corps, tu dois habituer ton corps à se soumettre à l'intelligence, tu dois l'assouplir par les travaux et les sueurs. »

La Mollesse reprit alors : « Comprends-tu, Hercule, combien est pénible et longue la route que cette femme te trace pour arriver au bonheur? C'est par un chemin facile et court que je te conduirai à la félicité.

— Misérable, lui dit la Vertu, quels biens possèdes-tu donc? quels plaisirs peux-tu connaître, toi qui ne veux rien faire pour les acheter? Tu ne laisses pas même naître le désir; rassasiée de tout avant d'avoir rien souhaité, tu manges avant la faim, tu bois avant la soif. Ce n'est pas la fatigue, mais l'oisiveté, qui te fait désirer le sommeil. C'est ainsi que tu formes tes amis : tu les dégrades. Jamais tu n'as vu le spectacle le plus agréable de tous, car jamais tu n'as contemplé une bonne action que tu aies faite. Tu es méprisée des hommes honnêtes. Quant à moi, tempérante, prudente et honnête, je reste la compagne chérie de l'artisan... Hercule, fils de parents vertueux, crois-moi : c'est par le travail et la tempérance que tu peux acquérir le suprême bonheur. »

Ce dernier appel transporta d'enthousiasme le jeune adolescent. Hercule n'hésita point; il prit pour guide la Vertu, et il accomplit les travaux admirables qui ont perpétué son nom, lui ont valu d'être placé par les Grecs au rang des demi-dieux.

D'après Xénophon. (Apologue de Prodicus.)

Composition française.

En entrant à l'atelier, au bureau, tout jeune homme n'a-t-il pas un choix à faire comme Hercule? Quelles sont les deux routes qui se présentent à lui, et laquelle doit-il prendre?

VINGT-TROISIÈME LEÇON

Action sur les poumons

Être sobre n'est pas une grande vertu; mais c'est un grand vice que de ne l'être pas.

CHRISTINE DE SUÈDE.

1. *Par les poumons et par les reins le corps élimine*[1] *partiellement* l'alcool dont il déborde.

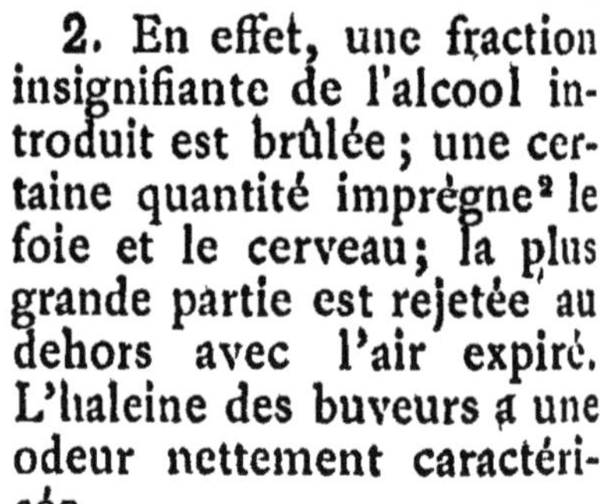

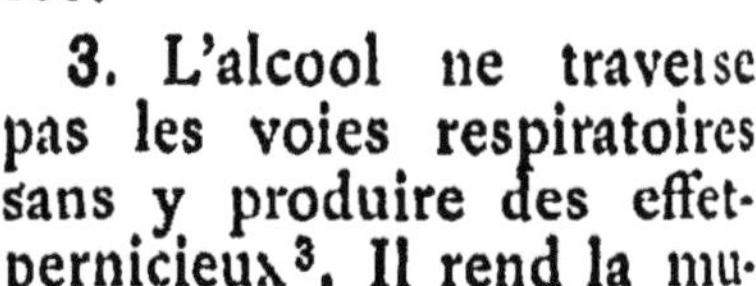

FIG 43. — **Bacilles de la tuberculose vus au microscope et considérablement grossis.** — Ces bacilles sont des microbes qui se développent dans les poumons, y creusent des cavernes et causent la phtisie ou tuberculose des poumons.

2. En effet, une fraction insignifiante de l'alcool introduit est brûlée; une certaine quantité imprègne[2] le foie et le cerveau; la plus grande partie est rejetée au dehors avec l'air expiré. L'haleine des buveurs a une odeur nettement caractérisée.

3. L'alcool ne traverse pas les voies respiratoires sans y produire des effets pernicieux[3]. Il rend la muqueuse des poumons impressionnable aux influences extérieures, au froid, à l'humidité, aux germes morbides[4] ou épidémiques. Il prédispose les bronches à toutes sortes d'affections, bronchites, fluxions.

4. L'enrouement du buveur est l'indice des altérations

---

1. **Éliminer**, rejeter, mettre au dehors.
2. **Imprégner**, se dit d'un liquide qui remplit les molécules d'un corps.
3. **Pernicieux**, très nuisible.
4. **Morbide**, qui produit la maladie.

que subit son larynx. Les chanteurs savent bien qu'ils doivent s'abstenir d'alcools.

5. Le poumon de l'alcoolique est un terrain tout préparé pour la *tuberculose*. Cette effrayante maladie fait chaque année en France 150 000 victimes, c'est-à-dire qu'elle détruit un nombre d'habitants représenté par la population totale d'une ville de l'importance de Toulouse ou de Rouen.

6. *Nul doute que l'alcoolisme ne soit une des causes les plus puissantes de la propagation de la tuberculose:* les régions qui consomment le plus d'alcool sont celles qui sont les plus atteintes par ce fléau.

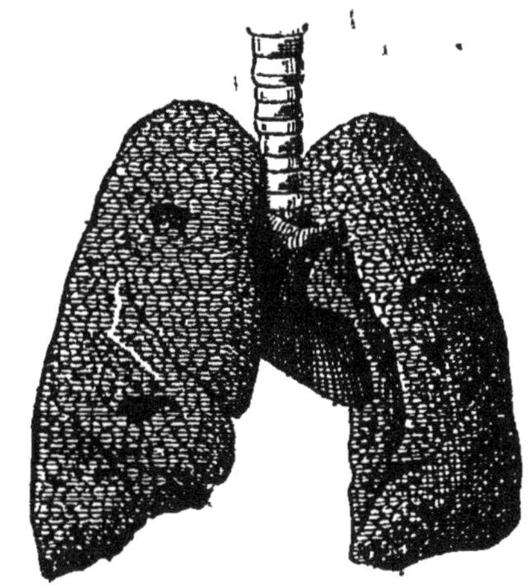

Fig. 44. — **Poumons tuberculeux.** — La tuberculose pulmonaire est une des plus redoutables maladies, car elle atteint un organe essentiel, et il n'y a pas de vie sans des échanges gazeux entre le sang et l'atmosphère. La tuberculose fait surtout des ravages parmi les alcooliques.

Questions orales ou écrites.

1. Quelle est l'action des poumons et des reins sur l'alcool absorbé?

2. Indiquez les trois parts qui se font de l'alcool qu'on a bu.

3. Quelle action l'alcool exerce-t-il sur les poumons?

4. Qu'est la voix de l'ivrogne?

5. Qu'est-ce que la tuberculose, et quels ravages fait-elle annuellement en France?

6. Quels rapports y a-t-il entre les progrès de la tuberculose et ceux de l'alcoolisme.

LECTURE

Le cabaret.

Rien ne dit: « Entrée interdite! »
Sur le seuil de cette maison,
Et cependant l'on y débite,
La nuit et le jour, du poison.

Pour ce logis plein d'épouvante,
Il faudrait, comme pour l'enfer,
Une enseigne écrite par Dante[1]
Avec une plume de fer.

On devrait lire sur la porte :
« Passant, ne franchis pas ce seuil,
Car de ce lieu-ci l'on n'emporte
Que déshonneur, misère et deuil. »

Fig. 45 — La porte du cabaret conduit à l'hôpital et à la prison : n'entrons pas.

Ne pénètre pas dans cet antre[2],
On y perd le corps et l'esprit :
Intelligent et brave on entre,
L'on en sort stupide et flétri.

Si tu veux rester honnête homme,
Résiste à l'attrait du poison,
Car ce bouge-ci n'est, en somme,
Que l'école de la prison !

STANISLAUS.

Composition française.

Résumez les effets de l'alcool sur le foie, sur le cœur, sur les poumons ; indiquez les maladies qui peuvent en résulter.

1. **Dante**, célèbre poète italien. Allusion à l'inscription que, dans un de ses poèmes, il a placée à l'entrée des enfers : *Laisse ici toute espérance*.
2. **Antre**, caverne, lieu mal fréquenté.

VINGT-QUATRIÈME LEÇON

Action sur le système nerveux

Hommes pour les passions, les alcooliques sont devenus des enfants pour la raison.

AD. COSTE.

1. Le *cerveau* remplit les fonctions les plus élevées de la vie organique : c'est à lui que parviennent, par l'intermé-

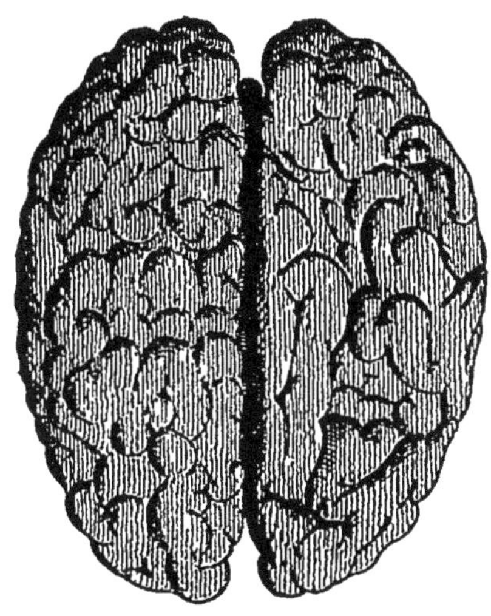

FIG. 46 — **Cerveau sain** — Le cerveau est renfermé dans le crâne. Il est formé de deux hémisphères symétriques; il présente à sa surface de nombreux replis appelés circonvolutions.

Par la moelle épinière et les nerfs, le cerveau communique avec toutes les parties du corps.

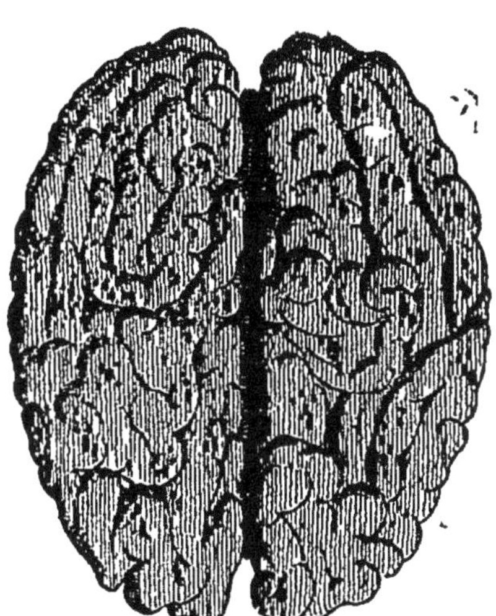

FIG. 47. — **Cerveau atteint de méningite alcoolique.** — Le cerveau est protégé par trois enveloppes appelées méninges. L'inflammation des méninges prend le nom de méningite : des points purulents se déterminent et une mort rapide en est la conséquence. Il est des cas de méningite qui sont la conséquence de l'absorption de l'alcool.

diaire des nerfs, les *impressions des sens*, vue, ouïe, goût, odorat, toucher et sensibilité générale; c'est de lui que part l'impulsion initiale qui contracte les muscles dans le *mouvement* ; enfin, il est le *siège de l'intelligence.*

2. Plus qu'aucun organe, il subit les effets destructeurs du poison qui s'emmagasine dans ses cellules et ses enveloppes.

3. On ne saurait trop insister sur le fait suivant : *digérés, les aliments perdent leur composition primitive;* ils deviennent du sang, et successivement se changent en chairs, graisses, tendons, os, pour reconstituer les tissus. *Or, tout comme les poisons, l'alcool échappe à cette transformation.* Intact, il filtre dans le sang, voyage avec lui dans le corps, qu'il imbibe comme une éponge : c'est un élément étranger qui se loge dans les organes et trouble leurs fonctions.

4. Du cerveau d'un alcoolique qui, trois jours avant sa mort, avait cessé de boire, on a pu retirer par distillation l'alcool qu'il avait pris, et qui n'avait été ni digéré, ni brûlé, ni assimilé.

5. C'est à son action sur le cerveau qu'il faut attribuer les premiers effets de l'*ivresse*, les plus apparents, les plus frappants, mais non les plus funestes, comme on le verra.

6. Il n'est pas rare qu'un alcoolique ait des *tremblements nerveux,* éprouve des *fourmillements*, des picotements aux extrémités, soit atteint de *troubles de l'ouïe ou de la vue.*

7. La *paralysie*, conséquence d'une congestion cérébrale, ou le *ramollissement du cerveau*, suite d'une circulation insuffisante du sang, sont souvent son lot; *certains meurent, à la suite d'atroces souffrances, dans un accès de délire alcoolique.*

Questions orales ou écrites.

1. Quelles sont les trois fonctions du cerveau?

2. Où l'alcool se loge-t-il au cerveau?

3. Quelle différence faites-vous entre un aliment et l'alcool?

4. Quelle expérience atteste cette distinction?

5. Quel est le premier effet et le plus apparent de l'alcool sur le cerveau?

6. Quels sont ses effets sur la sensibilité générale et sur les organes des sens?

7. Quelles sont les deux maladies les plus graves que l'alcool produit sur le cerveau?

LECTURE

Effets de l'ivresse

Dans l'ivresse, l'affaiblissement commence par les parties du cerveau les plus délicates, celles qui servent à l'exercice de nos facultés supérieures. Nous perdons tout d'abord l'attention, le jugement, la volonté; nous ne pouvons, quand nous sommes gris, ni suivre un raisonnement un peu compliqué, ni échapper quelquefois à des obsessions[1] qui s'imposent obstinément à notre esprit : l'entêtement des ivrognes est proverbial. Simultanément, nos instincts, nos passions sont surexcités. Il y a là un déséquilibre qui peut produire un moment d'illusion et de bonheur, mais qui constitue un état extrêmement fâcheux. Nous restons des hommes pour les passions quand nous sommes devenus des enfants pour la raison.

FIG. 48. — Avec l'alcool, la misère, la ruine, le désespoir entrent au logis.

Il est facile de comprendre que, dans cet état, nous perdions toute mesure et toute retenue : ambitieux, fanfarons, fantasques, n'apercevant plus ni difficultés ni obstacles, méconnaissant toute autorité et toute discipline morale ou sociale, nous nous laissons aller à nos illusions les plus extravagantes et à nos impulsions les plus désordonnées.

Mais ce n'est encore là qu'une phase[2] passagère. Bien-

1. **Obsession**, idée persistante qui poursuit l'esprit.
2. **Phases**, changements successifs d'un événement ou d'une maladie.

tôt l'imagination, l'enthousiasme s'éteignent à leur tour; l'irritabilité, la colère et la violence succèdent aux courts moments d'expansion et de bien-être.

Si l'ivresse n'est pas violente, elle est triste. Les sens de l'homme, ces fenêtres ouvertes sur le monde joyeux, sur la nature brillante, se ferment ou s'obscurcissent sous l'action progressive du poison alcoolique. L'ivrogne, dont l'imagination s'était d'abord allumée comme pour une fête intérieure, voit disparaître peu à peu les lueurs de ses sens et de son esprit. Tous les flambeaux de sa joie passagère s'éteignent successivement; et, dans la nuit de son cerveau, il se retrouve face à face avec ses préoccupations habituelles. Les soucis de son existence, les amertumes de sa vie lui reviennent à l'état d'obsessions pesantes, sans qu'il puisse y opposer aucune diversion consolante, sans qu'il parvienne à réagir contre un chagrin aussi confus qu'accablant : il geint[1], il pleure, la pensée du suicide le hante quelquefois. Alors, comme il avait bu tout à l'heure pour augmenter sa joie, il boit maintenant pour échapper à sa tristesse; et il y échappe, en effet, par la paralysie qui survient à la fin.

Ainsi, l'excitation légère et agréable fait rapidement place à une expansion immodérée, à laquelle succède bientôt la violence ou la tristesse, et enfin la paralysie de la parole et des mouvements, terminée par un sommeil apoplectique[2].

Telles sont les phases rapidement parcourues d'un accès d'ivresse alcoolique.

Ad. Coste, *Alcoolisme et épargne*, F. Alcan, éditeur.

Composition française.

Que devient l'alcool introduit dans le corps ?

Quels sont les deux organes qui en reçoivent le plus, et quelle expérience a été faite à ce sujet ?

---

1. **Geindre**, gémir, se plaindre.
2. **Apoplectique**, qui tient de l'apoplexie, état de l'organisme qui est subitement privé de mouvement et de connaissance.

VINGT-CINQUIÈME LEÇON

Santé et mortalité

Il n'est rien que les hommes aiment mieux à conserver et qu'ils ménagent moins que leur propre vie.

LA BRUYÈRE.

1. *Les altérations organiques dues à l'alcool ne se produisent*

MORTALITÉ ANNUELLE PAR PROFESSIONS
sur MILLE personnes de 20 à 60 ans.

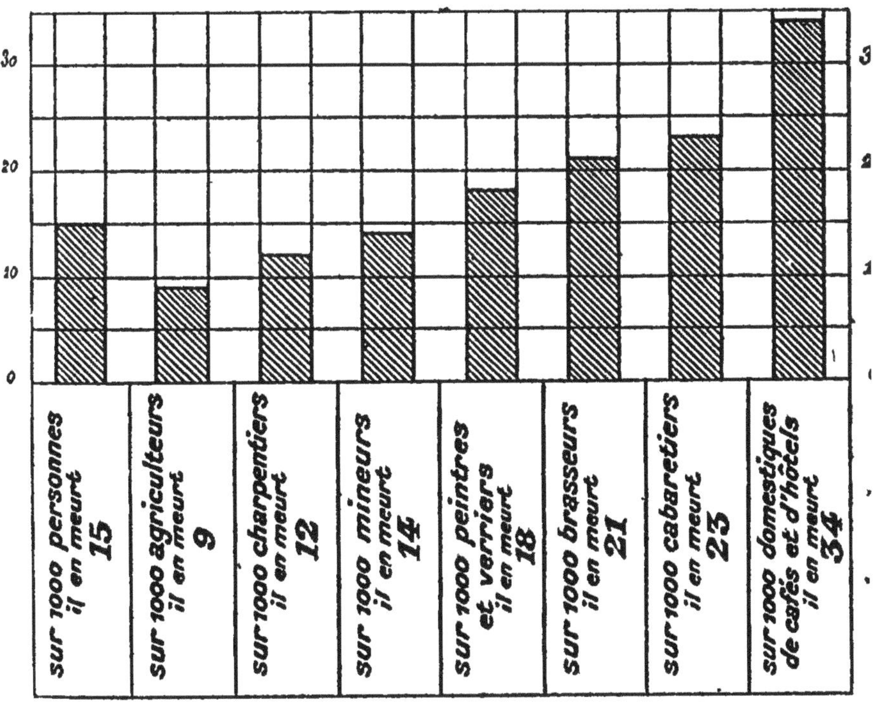

FIG. 49. — Ces colonnes indiquent par leur hauteur le nombre annuel des morts dans les diverses catégories de métiers : les colonnes des cabaretiers, des garçons de café sont les plus élevées. Ceux-ci meurent en plus grand nombre avant l'âge de 60 ans que les ouvriers des autres corps de métiers, et surtout que les agriculteurs.

ni toujours en même temps, ni toujours au même degré, chez les buveurs. En général, c'est l'organe le plus faible qui est atteint et qui porte seul le poids du vice. Suivant sa prédisposition, l'alcoolique est exposé à la gastrite plutôt qu'à la maladie de foie, à la paralysie qu'à la phtisie.

2. Ce qu'il importe d'observer, c'est que ces affections se développent de manière insidieuse[1], que leurs progrès dépendent de la résistance vitale du sujet.

3. L'exemple facile à citer de tel ivrogne qui supporte ou paraît supporter le poison ne prouve rien contre les trop redoutables dangers de l'alcool. *Il est excessivement rare qu'un buveur d'absinthe atteigne l'âge de 60 ans.*

4. La statistique établit que sur 1 000 *personnes* de 20 à 60 ans, il meurt annuellement *15 individus*; tandis que sur 1 000 *cabaretiers* de même âge il en meurt *23*; sur 1 000 *domestiques de cafés et d'hôtels, il en meurt 34*; et il n'est pas question ici d'alcooliques proprement dits.

5. Un ivrogne a quatre à cinq fois plus de chances de mourir qu'un agriculteur, deux à trois fois plus de chances qu'un mineur ou qu'un peintre, qui exerce pourtant une profession pénible ou insalubre.

6. L'alcoolisme à redouter n'est pas tant celui qui se traduit par l'ivresse brutale, que celui qui résulte du petit verre matinal, ou de l'absinthe quotidienne. *Les pires alcooliques sont ceux qui ne s'enivrent pas ou qui ne font pas de grandes dépenses de forces musculaires*; ceux-ci abrègent leur vie en s'intoxiquant[2] à doses continues.

7. Dans cet état, ils offrent peu d'endurance à la maladie, aux opérations chirurgicales; *ils sont à la merci de la plus légère blessure.*

Questions orales ou écrites.

1. Toutes les affections atteignent-elles également le buveur?

2. Quelle est la marche de ces maladies?

3. Un alcoolique a-t-il des chances de vivre longtemps?

4. Comparez la mortalité des gens qui manipulent les alcools avec la mortalité moyenne.

5. Comparez les chances de vie de l'ivrogne avec celles de l'agriculteur, du mineur, du peintre même.

6 Quel est l'alcoolisme le plus à redouter?

7. L'alcoolique offre-t-il de la résistance à la maladie, aux blessures?

---

1. **Insidieux**, qui cherche à tromper en se cachant.
2. **Intoxiquer**, empoisonner.

LECTURE

Le talent et la tempérance

François Villon fut tout à la fois fripon, assassin et poète. Il trompait les cabaretiers, dérobait habilement en plein marché la chair et le poisson, le pain et le vin;

FIG 50 — **François Villon** — François Villon est un poete du XVe siècle Ses œuvres comptent parmi les meilleures de notre littérature Il fut un novateur dans la langue, dans les idées, dans la poésie Malheureusement, la débauche, la paresse, l ivrognerie, empêchèrent cet homme de talent de faire une œuvre saine et de donner la mesure de sa valeur Villon l a compris un peu tard, lorsqu'il a écrit · « Je plains le temps de ma jeunesse. »

FIG. 51 — **Alfred de Musset** — Alfred de Musset, né à Paris, en 1810 et mort en 1857 A vingt ans, il fit paraître son pre mier recueil de poésies Grâce à son talent plein de grâce et de naturel, il est un des poètes les plus appréciés de notre temps La funeste passion de l'absinthe devait obscurcir sa belle intelligence et briser une carrière si brillamment commencée.

car il aimait les repas copieux et abondamment arrosés. Il se grisait de vin : à son époque, au XVe siècle, on ne distillait pas encore l'alcool. Dans son existence agitée, après avoir bu à rouge bord et tenu longue table, il a maintes fois dégainé la rapière[1]. Aussi le poète a connu la prison, et la corde l'attendait, lorsque Louis XI lui fit

1. **Rapière**, nom qu'on donnait autrefois à une longue épée.

grâce. Pris d'un tardif « remords de conscience », il déclare que le temps de sa jeunesse lui « a laissé regret pour don ». Il meurt avant quarante ans, en jetant ce cri du cœur : « Si c'était à recommencer ! »

Après Villon, combien d'autres ont gaspillé une exis-

FIG. 52. — **Chevreul (Michel-Eugène)**. — Ce vénérable savant, né à Angers, mourut en 1889, âgé de 103 ans. Venu jeune à Paris, il s'adonna à la chimie, et surtout à la chimie industrielle. Il dirigea le service des teintureries à la Manufacture des Gobelins. Il entra en 1826 à l'Académie des sciences, et il fut directeur du Muséum d'histoire naturelle. On lui doit entre autres inventions, celle des bougies stéariques. Ce fut un savant, un patriote et un homme de bien. Chevreul dut à sa sobriété, à la régularité de sa vie, sa grande longévité et la conservation, jusqu'à son dernier jour, de ses admirables facultés.

tence dont ils pouvaient faire un meilleur emploi ! Sans doute la France est riche en écrivains, en savants, en artistes ; et elle n'en est pas à faire le compte de quelques talents de plus ou de moins ; mais ses enfants ont-ils le droit de lui ravir des intelligences et des activités faites pour la servir ?

Songe-t-on sans tristesse à cet illustre poète, Alfred de

Musset, dont le rayonnement de jeunesse était plein d'espérances, et qui a tari par l'absinthe la source de sa belle inspiration? Il laisse, à la vérité, une brillante production; mais il s'est survécu à lui-même. A trente ans, il a interrompu son œuvre. Quand il mourut à quarante-sept ans, il était jeune encore par l'âge; depuis longtemps déjà, la boisson avait brûlé son corps et éteint son intelligence.

Faut-il rappeler aussi le souvenir du peintre Courbet, dont l'œil si clair et si juste a été voilé par le même poison? Dans la pleine maturité de l'âge et du talent, il a laissé tomber le pinceau de ses mains. Sur la fin de ses jours, lui, l'artiste, passait son temps à lutter de petits verres avec les paysans de Vevey[1], où il est mort.

A ces hommes perdus pour l'art et la littérature, combien il est consolant d'opposer la belle et féconde vieillesse de Chevreul. Ce savant chimiste est mort à l'âge de 103 ans; jusqu'à son dernier jour, il a travaillé, il a gardé sa lucidité d'intelligence. Ses beaux travaux sur les corps gras, sur les matières colorantes se sont traduits par d'importantes applications industrielles. Or Chevreul n'a jamais bu de spiritueux. La jeunesse des écoles fêta son centenaire avec beaucoup d'enthousiasme. On raconte que ce jour-là il but pour la première fois de sa vie une coupe de champagne.

Il n'est pas indispensable de pousser la sobriété aussi loin que Chevreul; mais que cette qualité paraît admirable et précieuse, quand on pense aux excès de Musset et de Courbet! Elle sauvegarde la santé; elle respecte l'intelligence; elle épargne les regrets cuisants dont Villon a eu la sincérité de faire l'aveu.

Composition française.

Dites ce que vous savez de la santé, des travaux de Chevreul, de ses habitudes de sobriété.

1. **Vevey**, ville de Suisse, sur le lac de Genève.

TROISIÈME PARTIE

L'ALCOOLISME AU POINT DE VUE MORAL ET SOCIAL

VINGT-SIXIÈME LEÇON

L'intelligence

L'intempérance est l'extinction volontaire de la raison.

CHANNING.

1. Les ravages que l'alcool produit sur l'organisme, altération de la santé, déformation des traits du visage, ne sont rien à côté des ravages plus profonds qu'il occasionne dans l'âme. A vrai dire, la *dégradation physique de l'ivrogne n'est que le signe et le juste châtiment d'une dégradation intérieure autrement effrayante.*

2. Par sa faute, l'alcoolique perd la *raison*, ce précieux attribut de l'homme, qui le distingue des animaux et le place au-dessus d'eux. Elle est supprimée brusquement et à titre momentané, quand il se met en état d'ivresse. Elle est détruite lentement et de façon irrémédiable, quand il se laisse envahir par l'alcoolisme.

3. Il cesse d'être un homme par la *pensée* qui s'éteint en lui, par les *devoirs* qu'il devient incapable de remplir, par la *dignité personnelle* dont il n'a nul souci.

4 Et pourtant, en cet être qui divague, titube et se vautre dans le ruisseau, voyez encore un frère. Ne le poursuivez pas de vos railleries; secourez-le si vous pouvez, ayez pour lui un sentiment de pitié, et passez.

5. Même à faible dose, l'alcool excite le cerveau; *il ne donne pas plus de lucidité à l'intelligence.* Il rend audacieux, sans doute; mais *il affaiblit le jugement,* c'est-à-dire le pouvoir de discerner le vrai du faux; *il contrarie le raisonnement,* c'est-à-dire l'aptitude à lier les idées,

6. De toutes les facultés intellectuelles, la *mémoire est la première et la plus fortement atteinte par le poison ;* et qui ne reconnaît son utilité dans les comptes, les affaires, dans toutes les opérations intellectuelles?

7. Les écrivains qui ont demandé l'inspiration à l'alcool ont été les victimes de leur jeu. Par contre, on cite des artistes célèbres et de grands savants qui n'ont jamais fait *usage* d'alcool.

Questions orales ou écrites.

1. Quelle relation existe entre les ravages organiques et les ravages moraux résultant de l'alcool?
2. Quelle est l'influence de l'alcool sur la raison?
3. Comment l'alcool fait-il perdre tout sentiment de dignité?
4. Quelle conduite faut-il tenir quand on rencontre un ivrogne?
5. Quelle est l'action exercée par l'alcool sur les facultés élevées de l'intelligence?
6. La mémoire est-elle atteinte, et quelles en sont les conséquences pratiques?
7. L'alcool favorise-t-il le talent? Citez des exemples.

LECTURE

Effroyable et juste châtiment

Quel est le grand mal, le mal essentiel de l'intempérance?

La réponse est que l'intempérance est l'extinction volontaire de la raison. Le mal est intérieur ou spirituel. L'ivrogne se dépouille, pendant un certain temps, de sa nature raisonnable et morale; il perd la conscience de ce qu'il est et l'empire sur lui-même; il produit en lui la démence[1]; et, par la répétition de cette folie, il dégrade de plus en plus ses facultés intellectuelles et morales

1. **Démence,** folie.

pèche d'une manière immédiate et directe contre la raison, ce principe souverain, qui distingue la vérité du mensonge, le bien du mal, et qui sépare l'homme de la brute. C'est là l'essence du vice, ce qui en fait l'horreur et le danger, ce qui devrait principalement frapper et animer quiconque travaille à le détruire. Les autres maux de l'intempérance ne sont rien en comparaison de celui-là; presque tous en viennent; et il est juste, il est à désirer que tous les autres maux s'y joignent et l'accompagnent.

FIG 53 — L'intempérance dégrade l'homme; loin de nous en amuser, nous avons de graves raisons de nous en affliger.

Oui, quand l'homme lève un bras criminel contre ce qui fait sa vie, quand il éteint sa raison et sa conscience, il est à désirer que lui et tous les autres soient avertis d'une manière solennelle, effrayante de l'énormité du crime; que des calamités extérieures et terribles soient la preuve de la ruine intérieure à laquelle il travaille; que la condamnation et le malheur écrits sur son visage, sur son corps, sur toute sa personne déclarent quelle terrible chose c'est pour l'homme de renoncer à sa raison et de s'abrutir.

Il est ordinaire chez ceux qui parlent contre l'intempérance, de dépeindre le visage aviné de l'ivrogne, tantôt rouge, tantôt d'une pâleur mortelle; on montre ses membres tremblants et paralysés; on fait voir sa prospérite décroissante, sa misère, son désespoir; on décrit sa demeure où règnent la tristesse et la désolation, son foyer glacé, sa table pauvre, sa femme au cœur brisé, l'aspect misérable de ses enfants; et nous gémissons devant ce triste tableau. Mais il est juste que cela soit ainsi. Il est juste que celui qui, ayant été averti, éteint en lui le flambeau de la conscience pour descendre au rang des brutes, soit au milieu de ses concitoyens un monument de la colère divine, et qu'il enseigne partout où on le verra, qu'il enseigne dans tout son aspect, dans chacun de ses mouvements, quel épouvantable crime c'est que de détruire sa raison !

CHANNING, *Œuvres sociales*, E. Fasquelle, éditeur.

Composition française.

Un ivrogne passe dans la rue ; il titube et divague.

Des enfants le poursuivent de leurs rires et de leurs plaisanteries. Un méchant lui donne un croc-en-jambe. Le malheureux homme tombe dans le ruisseau et se blesse.

Racontez ce fait, et dites quelles réflexions il vous suggère.

VINGT-SEPTIÈME LEÇON

Le travail

Le travail éloigne de nous trois grands maux : l'ennui, le vice et le besoin.

VOLTAIRE.

1. Avec la raison qui s'en va, s'effondre la *volonté* sans laquelle il n'y a ni *amour du travail*, ni *esprit de prevoyance*, ces deux garanties essentielles de notre indépendance.

2. Des expériences régulières et probantes établissent que ceux qui s'abstiennent de liqueurs fortes, même de vin, ont plus de résistance à la marche, à la fatigue que les buveurs. Comment pourrait-il en être autrement, puisque, *loin de donner des forces, l'alcool détruit ce qui est la condition même de la force, l'énergie de la volonté !*

3. Dès que la passion de boire s'est emparée de l'homme, celui-ci en est l'esclave ; il lui sacrifie tout : pensées, affections, ponctualité, considération. L'alcool exerce sur lui une séduction à laquelle il ne sait pas résister. Il n'a plus de

volonté, ou plutôt le peu qui lui en reste, il le met au service de sa passion : pour aller boire, il abandonne la tâche commencée, le poste de confiance où il a été placé.

4. Le savant Lombroso mit du miel alcoolisé à la portée d'une ruche d'abeilles : les ouvrières cessèrent de fabriquer leurs rayons et prirent l'habitude du pillage.

5. De même, l'*homme qui boit devient paresseux*. Dès qu'il connaît la porte du cabaret, il ne tarde pas à oublier la porte de l'atelier ou du bureau. Avant que l'alcool lui ait ravi ses forces pour les œuvres qui demandent quelque vigueur, son habileté pour celles qui comportent de la précision, son attention pour celles qui exigent une application suivie, *depuis longtemps, il a perdu le goût et l'habitude du travail.*

Questions orales ou écrites.

1. Quelles sont les deux qualités que garantit la volonté ?
2. Comment l'alcool diminue-t-il la résistance à la fatigue?
3. Comment l'alcool réduit-il la volonté en une sorte d'esclavage ?
4. Quelle expérience a été faite sur les abeilles?
5. Comment l'alcool ravit-il le pouvoir, le goût et l'habitude de travailler ?

LECTURE

Bienfaits de l'épargne

C'était dans un des faubourgs de Paris. Il y a quelques années, un fabricant avait un ouvrier à haute paye très adonné au vin et s'enivrant à outrance, sans que rien ne pût le corriger, mais d'une rare habileté. Pas de quinzaine ne se passait sans qu'il le renvoyât; mais il ne tardait pas à le reprendre dans l'intérêt de sa fabrique. Cependant le vin finit par prendre un tel empire sur le malheureux ouvrier qu'on jugea impossible de le conserver.

Notre ivrogne comprit que c'était sérieux cette fois et qu'il lui fallait se décider à un effort. Il supplie son patron, mais celui ci ne consent à le recevoir qu'à un salaire très réduit.

« Vous n'aurez plus ainsi, dit-il, 10 centimes pour aller au cabaret ; à peine pourrez-vous vous suffire avec une telle réduction ; mais il faut en passer par là, sinon non. »

L'ouvrier consent. Pendant quinze mois, on n'eut rien à lui reprocher ; il tint sa promesse.

Après ce délai, cependant, survinrent quelques circonstances de fêtes et de noces qui semblèrent amollir son courage. Il retournait parfois au cabaret, sans s'enivrer néanmoins. Mais les visites se firent de plus en plus fréquentes.

Le patron le fit alors appeler, et, lui montrant un livret de caisse d'épargne avec un dépôt de 600 francs :

Fig. 54. — Gardez ce livret, patron ! 600 francs à moi ! Est-ce que je rêve ?

« Tenez, Albert, voici un livret où j'ai fait inscrire en mon nom, chaque quinzaine, la retenue faite sur votre paye. Je vois que vous allez retomber dans votre ancien vice ; je ne vous tolérerai pas même une apparence d'infraction[1] à nos conventions. D'un autre côté, je ne veux pas profiter de votre abandon de salaire. Je vais donc faire transférer ce livret à votre nom, et nous nous séparerons encore bons amis. »

A la vue d'une somme dépassant tout ce qu'il avait pu rêver, l'ouvrier fut comme frappé de stupeur. La possession imprévue d'un tel capital lui fut comme un coup de

1. **Infraction**, violation d'un ordre, d'une loi.

foudre hygiénique, auquel il ne put résister. Tombant sur une chaise, il s'écria :

« Non, non ! gardez, patron, et que Dieu vous bénisse mille fois ! 600 francs à moi ? A moi 600 francs ? Est-ce que je rêve ? Gardez, patron, gardez toujours pour moi. J'y ajouterai encore de mon côté, car je ne veux plus goûter au vin, et je veux me marier. »

Ce ne fut plus le même homme : il tint parole, fit un versement à chaque paye, se maria et fonda une honnête famille. Une petite somme n'eût ouvert chez lui qu'une perspective de bombance ou d'orgie ; mais le capital formé lentement par son travail lui était apparu comme un instrument de salut et d'indépendance.

Magasin pittoresque.

Composition française.

Racontez qu'André, fils d'une pauvre veuve, vient de toucher sa première quinzaine. Les camarades l'engagent à entrer avec eux au cabaret. Que répond-il ? Que fait-il ?

VINGT-HUITIÈME LEÇON

L'épargne

Ayez soin des sous ; les louis se gardent assez d'eux-mêmes.

FRANKLIN.

1. *L'ivrogne ne réfléchit pas aux charges que son vice fait peser sur sa bourse.* Dans son imprévoyance, il considère comme peu élevée une dépense quotidienne qui pourtant est rarement négligeable ; il ne paraît pas se douter que, par sa répétition et sa continuité mêmes, elle devient très considérable.

2. *Dix centimes par jour* mal employés représentent au

bout de l'année *une perte sèche de* 36 fr. 50. Dix centimes ! ce n'est même pas le prix d'un méchant petit verre !

3. Le buveur dépense bien davantage ; on s'entraîne entre consommateurs, on offre des « tournées » à la ronde. Il n'est pas rare que le buveur engloutisse 1 fr. *par jour*, soit 365 fr. *dans l'année.*

4. En se privant d'une dépense inutile et funeste, c'est un *capital* qu'il aurait pu réaliser en quelques années, c'est une *rente viagère*[1] qu'il aurait constituée pour assurer *la dignité de sa vieillesse.*

5. Comme il faut quand même de l'argent pour assouvir sa passion, on a recours à des expédients, parfois à des indélicatesses afin de s'en procurer. *Criblé de dettes, poursuivi par ses créanciers, on perd toute tranquillité d'esprit ; on ne connaît pas cette fierté de l'âme, faite de la confiance qu'on inspire, de la considération dont on jouit,* et qui est le privilège de l'homme laborieux et tempérant.

6. *L'épargne procure des avantages matériels, des bienfaits moraux, des joies saines* que le buveur ne peut pas goûter.

Questions orales ou écrites.

1. Quelles sont au point de vue de la bourse les conséquences de l'imprévoyance de l'ivrogne ?
2. Calculez la dépense annuelle du petit verre ?
3. A quel chiffre évaluer la dépense annuelle de l'ivrogne ?
4. Que pourrait retirer l'ivrogne de l'argent qu'il dépense si mal ?
5. A quels expédients a-t-on recours pour assouvir sa passion ?
6. Quels sont les avantages de l'épargne ?

LECTURE

Le petit verre du matin

Un jour, je dus prendre, pour revenir chez moi, la charrette d'un messager. Elle était attelée d'un seul cheval qui allait au pas ; je descendis près du conducteur et je me mis à suivre à pied comme lui.

1. **Viager**, qui dure pendant la vie. *Rente viagère*, rente dont on a la jouissance pendant toute la vie.

C'était un homme encore jeune, de belle apparence, et dont le visage annonçait cette santé robuste qui est le salaire d'une bonne conscience. J'appris bientôt qu'il possédait quelques arpents de terre, qu'il cultivait entre ses voyages. Il me racontait l'histoire de son domaine, comme il l'appelait en riant, quand nous fûmes croisés sur la route par un homme pauvrement vêtu, courbé, dont les cheveux grisonnants retombaient en désordre sur son visage bourgeonné. Celui-ci salua avec la cha-

FIG 55 — Cet homme là, Monsieur, a été mon bienfaiteur et mon maître; mais voyez ce que la funeste habitude du petit verre a fait de lui, naguère si considéré dans le pays

leur bruyante de l'ivresse, et le voiturier répondit d'un ton de familiarité qui me surprit.

« C'est un de vos amis? demandai-je quand il fut éloigné.

— Cet homme-là, monsieur, répéta-t-il c'est mon bienfaiteur et mon maître. »

Je le regardai comme si je n'avais pu comprendre.

« Ça vous étonne, reprit le messager en riant; c'est pourtant la vérité. Il faut vous dire d'abord que Jean Picon (c'est ainsi qu'on le nomme) est un ancien camarade d'enfance; en prenant de l'âge, il eut bientôt toutes les habitudes d'un bon vivant.

« Le hasard finit par nous mettre ouvriers chez le même patron. Le premier jour, au moment de partir pour le travail, voilà que Picon et les autres s'arrêtent au cabaret pour boire le coup d'eau-de-vie du matin. Je restai à la porte, sans trop savoir ce que je devais faire, mais ils m'appelèrent tous. « N'a-t-il pas peur que ça le ruine! s'écria Picon en se moquant. Deux sous d'économie : il croit peut-être que ça le rendra millionnaire ! »

« Les autres se mirent à rire, ce qui me fit honte, et j'entrai boire avec eux. Cependant, arrivé au champ, et tout en m'occupant du labour, je commençai à ruminer ce que Picon m'avait dit.

« Le prix de ce petit verre du matin était, dans le fait, peu de chose ; mais, répété chaque jour, il finissait par produire trente-six francs cinquante par an! Je me mis a calculer tout ce qu'on pouvait avoir avec cette somme.

« Trente-six francs cinquante, dis-je, c'est, quand on est en ménage, une chambre de plus au logement, c'est-à-dire de l'aisance pour la femme, de la santé pour les enfants, de la bonne humeur pour le mari. C'est le bois de l'hiver, et le moyen d'avoir du soleil à domicile quand il n'y a que de la neige dehors. C'est le prix d'une chèvre.

Puis retournant mon esprit d'un autre côté, j'ajoutai :

« Trente-six francs cinquante! notre voisin Jérôme ne paye point davantage pour la location de l'arpent de terre qu'il cultive et qui nourrit ses enfants. Avec cet argent, dépensé chaque matin au détriment de ma santé, je puis élever une famille et ramasser les épargnes nécessaires à mes vieux jours.

« Ces calculs et ces réflexions me décidèrent. Je laissai de côté la mauvaise honte qui m'avait fait céder une fois aux sollicitations de Picon; j'épargnai sur mes premiers gains ce qu'il m'aurait fait dépenser au cabaret, et bientôt je pus devenir patron à mon tour.

« Voyez où cela nous a conduits tous deux! Les haillons de Picon, sa vieillesse prématurée et le mépris des honnêtes gens; mon aisance, ma santé : tout cela vient d'une habitude prise. Sa misère, c'est le petit verre d'eau-de-vie qu'il boit en se levant, comme mes joies sont les deux sous épargnés chaque matin. »

E. SOUVESTRE, *Confessions d'un Ouvrier*,
Calmann-Lévy, éditeur.

Composition française.

Paralysé d'un bras et d'une jambe, le père François mendie. A deux jeunes gens qui le plaignent, il raconte son passé. Lui aussi a été jeune et vigoureux : il gagnait un fort salaire. Mais il a bu ; la boisson l'a rendu infirme et misérable.

Il termine son histoire par un conseil.

VINGT-NEUVIÈME LEÇON

La famille

Savez-vous ce que boit cet homme dans ce verre qui vacille en sa main tremblante d'ivresse ? — Il boit les larmes, le sang, la vie de sa femme et de ses enfants.

LAMENNAIS.

1. Réduisant ses recettes par la paresse, augmentant ses dépenses par la boisson, l'ivrogne tombe dans la *misère noire*. Son logis lamentable présente un spectacle attristant.

2. Sa femme est parfois une créature de bonté qui fait des miracles d'économie et de travail ; elle ne saurait suffire à tout.

3. Il a fallu vendre les meubles un à un, et l'argent manque pour se nourrir, pour se couvrir. *L'ivrogne se gorge au cabaret, pendant qu'au logis on manque de pain.*

4. Souffrant de la faim et du froid, ses enfants s'*anémient*[1]. Leur santé morale est aussi compromise par de *déplorables exemples* que leur santé physique par les privations.

1. **S'anémier**, perdre les forces par *anémie*, ou appauvrissement du sang.

5. *Ils pleurent quand il est absent; ils tremblent quand il rentre.* Pour prévenir les reproches qui l'attendent et qu'il a mérités, cet être ignoble cherche une misérable querelle : il assouvit sa brutalité sur ces innocents, qui sont ses martyrs.

6. Ouvrier paresseux, l'alcoolique est un *mari lâche* et un *mauvais père.*

7. *Une intelligence abrutie, une volonté chancelante, un cœur vide de bons sentiments: voilà ce qui reste de ce qui était un homme! telle est l'œuvre de l'alcool.*

8. Ce tableau trop fidèle est encore plus sombre, lorsque la femme se laisse gagner par la contagion du vice, et ajoute sa propre déchéance à celle de son mari.

Questions orales ou écrites.

1. Quelles sont les conséquences de la paresse et de l'imprévoyance pour l'alcoolique ?
2. Comment sa femme lutte-t-elle contre la misère ?
3. A quelles privations sont condamnés femme et enfants ?
4. Que devient leur santé physique et leur moralité ?
5. Dépeignez le retour de l'ivrogne le soir.
6. Qu'a fait l'alcool de l'ouvrier, du mari, du père ?
7. Résumez la dégradation morale résultant de l'alcool.
8. Que devient la famille, si la femme se laisse entraîner au même vice ?

LECTURE

La femme du forgeron

C'était un brave homme, mais un faible caractère que Lantelier. Il aimait bien sa jeune femme, Marie, une couturière proprette et active aux traits fins et délicats. Au lendemain de leur mariage, Marie avait quitté l'atelier pour prendre la direction du ménage. De leur union naquirent deux enfants qui apportèrent à Marie, avec un surcroît de besogne, toutes les joies de la maternité.

Lantelier était un ouvrier forgeron. Passionné pour son métier, il frappait le fer comme pas un, et il gagnait un fort salaire. Mais le feu de la forge excite la soif; les camarades l'entraînant, il s'adonna à la boisson.

Dès lors, commença pour sa femme une existence

atroce. Il fallut qu'elle travaillât afin de subvenir aux besoins du ménage. En attendant son homme, bien avant dans la nuit, elle cousait à la lumière du pétrole pour les maisons de confection. De temps en temps, elle jetait un coup d'œil sur ses charmants enfants qui reposaient dans leur couchette, essuyait une larme et reprenait courage. Quand Lantelier rentrait, violent et méchant, Marie se taisait pour ne pas irriter sa colère.

FIG 56 — Quelle ne dut pas être la stupeur de Lantelier, quand, rentrant ivre au logis, il trouva sa femme morte, d'épuisement et de chagrin !

Les soirs de paye, elle allait au-devant de l'ouvrier forgeron pour sauver un peu de ce salaire qui se fondait dans les verres, pour préserver son mari de l'avilissement de l'alcool. Et c'étaient, aux alentours des débits, de longues et pénibles attentes au froid et sous la pluie, les pieds dans la boue.

Ces longs stationnements, les fatigues des veilles, le travail et le chagrin minèrent lentement la pauvre femme. Les forces la trahirent; une toux sèche la prit, ses joues se creusèrent; la tuberculose commença son œuvre de destruction. Lantelier n'aperçut pas le mal qui atteignait sa femme; celle-ci souffrait en silence, et comptait sur les beaux jours pour se rétablir.

Pourtant, un matin de jour de paye, comme prise d'un triste pressentiment, elle supplia le forgeron de ne pas s'attarder le soir. Elle se sentait fatiguée, disait-elle: la malheureuse était épuisée. Il promit, sincère sans doute, mais au fond peu sûr de lui. Dans la journée, la pauvre Marie se traîna comme elle put, mais soigna ses enfants. Le soir venu, après les avoir couchés et embrassés, défaillante, elle se jeta sur son lit et fut prise de vomissements: un flot de sang noir s'échappa de sa bouche...

A une heure avancée de la nuit, Lantelier rentra la tête échauffée. Comment! pas de lumière au logis! On ne l'attendait donc plus maintenant! Il pousse la porte en tempêtant; seuls lui répondent les cris des enfants apeurés. Il s'approche du lit où il suppose que sa femme repose. A tâtons, guidé par le rayon de lumière que le bec de gaz filtre à travers la vitre, que sent-il? Le contact d'un corps froid. « Morte! ma femme est morte! » Subitement dégrisé, il revoit son passé, sa jeunesse laborieuse, ses premières années de ménage et de bonheur. Il était bon ouvrier, mari aimant; l'alcool a fait de lui un autre homme, paresseux et cruel celui-là... Il envisage l'avenir. Il se voit seul désormais, avec deux enfants privés de mère. Va-t-il les tuer eux aussi, avec sa funeste passion?... Et, s'affaissant au pied du lit de la morte, il se met à sangloter; puis, viril, il se relève et jure sur le cadavre de sa femme de ne plus entrer au cabaret.

Il lui en coûta sans doute de changer ses habitudes: il dut fermer l'oreille aux railleries des compagnons, il dut se faire violence pour résister aux assauts de la passion. La pensée de la morte, celle de ses chers orphelins le soutinrent, et il ne succomba pas.

Composition française.

Par l'exemple de l'ivrognerie, montrez que, selon la réflexion de Franklin, il coûte plus d'entretenir un vice que de nourrir deux enfants.

TRENTIÈME LEÇON

La consommation de l'alcool

Les hommes sont le vrai rempart de la cité.

PLUTARQUE.

1. La consommation de l'alcool a pris en France une

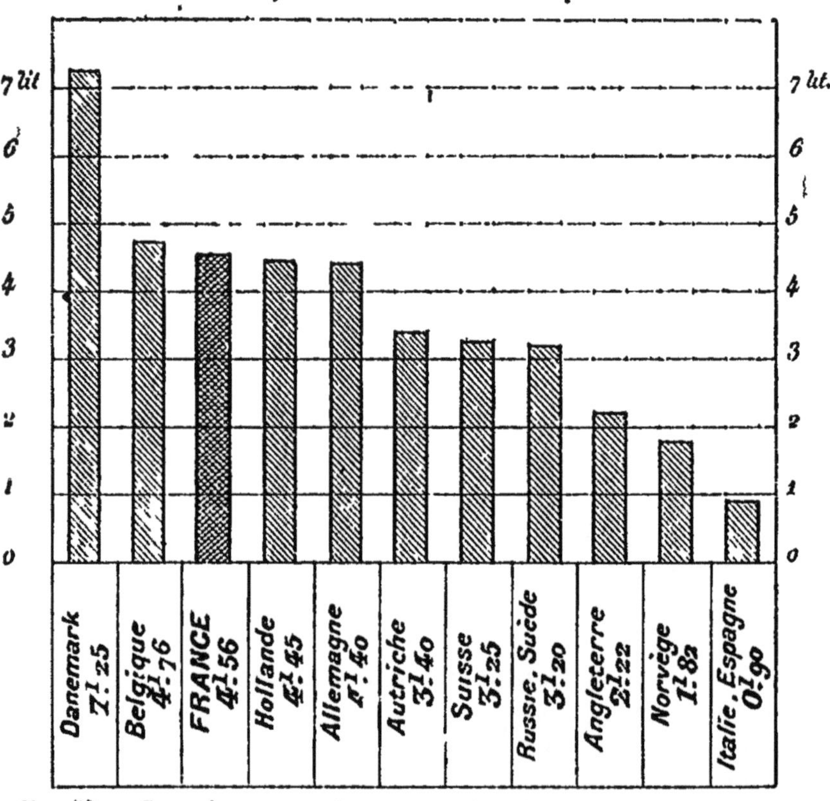

Fig. 57. — Ces colonnes représentent par leur hauteur la quantité d'alcool pur que consomme en moyenne un habitant dans les diverses contrées de l'Europe. La France y occupe le 3e rang. Des grandes nations, elle est celle qui boit le plus d'alcool. Nos efforts doivent tendre à réduire cette consommation véritablement effrayante.

proportion rapide dans le courant du XIXe siècle; elle a *doublé* de 1865 à 1893; elle est *quadruple* de ce qu'elle était en 1830.

2. On a évalué la quantité d'alcool à 100° que consomme un Français annuellement : la moyenne est de $4^{l},56$ par habitant, *quatre litres et demi*, qui représentent au moins *dix litres d'eau-de-vie*. Si de ce calcul on déduisait les enfants, les femmes, les gens sobres, on aurait la moyenne des vrais buveurs, qui est autrement élevée.

CONSOMMATION DE L'ALCOOL

LA CONSOMMATION DE L'ALCOOL A 100° EN FRANCE, A ÉTÉ :

En 1865 . . .	873 007 hectolitres
En 1880. .	1 313 829 —
En 1893. . .	1 735 367 —

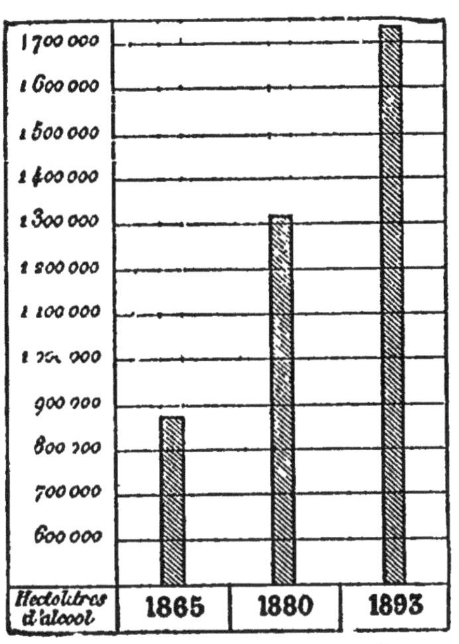

Fig 58 — Par leur hauteur, ces trois colonnes permettent de comparer les quantités d'alcool pur consommé en France pendant les années 1865, 1880 et 1893. Chaque graduation représente 100 000 hectolitres. La consommation a suivi une progression effrayante : de moins de 900 000 hectolitres en 1865, elle est passée à plus de 1 700 000 hectolitres en 1893.

3. On a comparé la quantité moyenne d'alcool consommée par les diverses nations européennes. Dans ce concours où les derniers arrivés sont les plus favorisés, la *France occupe le 3e rang*, après le Danemark et la Belgique, distançant l'Allemagne, l'Autriche, la Russie, etc.

4. Si, pour ce calcul, on tient compte de l'alcool contenu dans les boissons fermentées, vin, bière, cidre, la France arrive au *1er rang* des peuples consommateurs d'alcool.

5. Enfin, la consommation de l'absinthe *a triplé* en France dans ces dix dernières années; *notre pays boit à lui seul autant d'absinthe que toutes les autres nations de l'Europe réunies.*

6. Quand on sait quelle influence néfaste[1] exerce l'alcool,

---

1. **Néfaste**, funeste au point de produire le deuil et l'affliction.

ces constatations sont de nature à *alarmer notre patriotisme, à ouvrir les yeux aux citoyens qui sont préoccupés de la grandeur de la France, et de son influence dans le monde.*

Questions orales ou écrites.

1. Quelle a été en France la progression de la consommation d'alcool au XIXe siècle ?
2. Quelle est la consommation par habitant ?
3. Comparez les nations européennes sous le rapport de l'alcool qu'elles boivent.
4. Quel rang occupe la France parmi les buveurs, si on tient compte de l'alcool des boissons fermentées?
5. Quelle marche suit la consommation de l'absinthe ?
6. N'y a-t-il pas dans ces faits des motifs d'inquiétude ?

LECTURE

La sentinelle héroïque

J'étais soldat en 1870, au moment de la grande guerre contre les Allemands. Je faisais alors mon congé au 2e zouaves en Afrique. Mon régiment fut envoyé en France, dans le corps d'armée du maréchal Mac-Mahon. Après Wissembourg et Reichshoffen, je fus versé dans la division du général Vinoy, le seul qui sortit du guêpier[1] de Sedan.

Vinoy se rabattit sur Paris où j'ai passé le siège. Ah ! mes enfants, quel hiver ! Mal nourris, pas chauffés, et un froid ! à geler le vin dans les caves ! Ah ! c'était dur, pour moi surtout, habitué au climat d'Afrique. Aussi je pintais ferme pour me réchauffer; mais plus je buvais, moins j'avais chaud. Il faut vous dire que j'avais contracté au régiment l'habitude de boire la goutte.

Une nuit, vers la fin de décembre, le soir de l'attaque du Bourget, le régiment était à Villemomble ; ma compagnie fut commandée de grand'garde. A une heure du matin, le caporal vint me réveiller pour relever les sentinelles. Crédié ! je vous jure que ce n'était pas tentant de mettre le nez à l'air ; dehors, un froid de loup. Je bus une bonne goutte avant de partir, un grand demi-verre.

1. **Guêpier**, nid de guêpes; au figuré, piège, endroit dangereux.

On me posta au coin d'un petit bois : « Ouvre l'œil, me dit le caporal ; les Prussiens ne sont pas loin ; ils pourraient bien tenter un coup cette nuit. » Là-dessus, il partit, me laissant avec un camarade. Il soufflait une bise âpre et froide qui nous coupait la figure. Ne pouvant rester là, sous peine d'être gelé malgré ma peau de mouton et mon cache-nez, j'entrai dans le bois. A quelques pas, je découvris un épaulement de terre derrière lequel je pus m'abriter. Pour me réchauffer, je portai ma gourde à mes lèvres. Etait-ce l'alcool, la fatigue, le froid ? Une invincible envie de dormir me saisit. J'avais beau résister, me raidir, me pincer : un engourdissement me prenait tous les membres. Je tombai dans un demi-sommeil presque lucide, les bruits du dehors restant perceptibles à mon oreille. Puis un coup sourd, comme une chute ; j'ouvre les yeux ; rien : la nuit partout, une nuit plus claire, quelques étoiles brillaient. Je crus à une illusion. C'était mon camarade, qui, ayant trop bu, était tombé frappé d'une congestion[1] cérébrale ; je sus la chose le lendemain.

Fig. 59. — Subitement dégrisé, je saisis mon fusil, je tire. Je crie à pleine voix : « Aux armes ! » Ma compagnie était sauvée.

Combien de temps restai-je ainsi assoupi ? Je ne sais pas. Un bruit de branches cassées, de pas lourds me réveilla en sursaut. Je lève les yeux ; devinez ma stupeur : à quelques pas, sur la lisière du bois, des casques pointus s'agitaient. Cré tonnerre !... Surpris ! Je fus dégrisé du coup. Les Prussiens regardaient dans le bois ; j'étais

1. **Congestion**, accumulation du sang dans un organe.

abrité par mon épaulement, ils ne m'avaient pas aperçu. A terre, je vis une masse noire, le cadavre de l'autre sentinelle; bien sûr, on l'avait tuée. Surpris! Les sauvages allaient se jeter sur la compagnie endormie et massacrer tous les camarades. Quelques-uns n'étaient pas à vingt pas. Mon sang ne fit qu'un tour. « Misérable! me dis-je, étant saoul, tu t'es endormi. Triple brute! lâche! tu as laissé égorger ton compagnon!... » Vous jugez bien que tout cela ne fut pas long à me traverser la cervelle, un éclair! Je me vis au conseil de guerre, dégradé, ma médaille arrachée!... Il ne me restait plus qu'une chose à faire. Je saisis mon fusil, je tire; un officier tombe, et je crie à pleine voix : « Aux armes! » Quatre baïonnettes me clouèrent sur la neige, mais la compagnie était sauvée.

Je fus quatre mois à me remettre. Depuis ce jour, jamais plus une goutte d'alcool ne m'a passé par le gosier.

PAUL CHARTON, *Bulletin de l'Union française antialcoolique*, 5, rue de Latran, Paris.

Composition française.

Privé de ses droits politiques, un ivrogne se présente dans la salle du vote. Le président du bureau lui explique son cas et le fait éconduire.

Racontez ce fait, et dites pourquoi certains citoyens sont déclarés indignes de voter.

TRENTE ET UNIÈME LEÇON

Suicide, crime et folie

L'alcool est le grand pourvoyeur[1] des hôpitaux, des asiles d'aliénés, des prisons.

AD. COSTE.

1. En même temps que croît la consommation de l'alcool,

---

1. **Pourvoyeur**, qui fournit des provisions, qui recrute du personnel.

LA CONSOMMATION DE L'ALCOOL EN FRANCE, A ÉTÉ :		
En 1865	873 007	hectolitres
En 1880	1 331 829	—
En 1893	1 735 367	—

LE NOMBRE DES SUICIDES EN FRANCE, A ÉTÉ :		
En 1865, 4 661 dont	439 dus à l'alcoolisme.	
En 1880, 6 259 dont	789 —	—
En 1893, 9 000 dont	1 053 —	—

LE NOMBRE DES ALIÉNÉS EN FRANCE, A ÉTÉ :		
En 1865	13 983	aliénés
En 1880	39 822	—
En 1893	58 753	—

CONSOMMATION

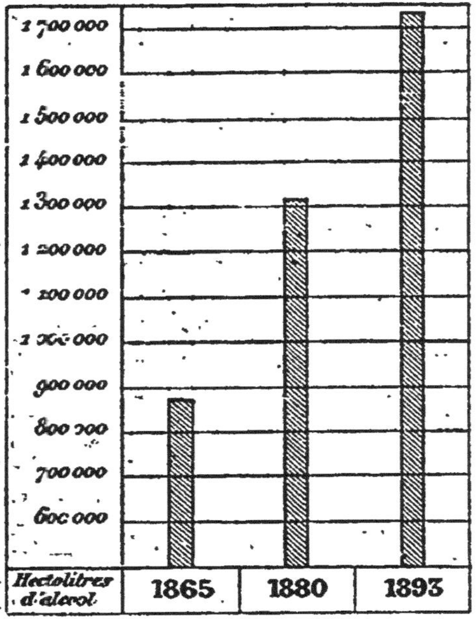

1 700 000 — 1 600 000 — 1 500 000 — 1 400 000 — 1 300 000 — 1 200 000 — 1 100 000 — 1 000 000 — 900 000 — 800 000 — 700 000 — 600 000

Hectolitres d'alcool | 1865 | 1880 | 1893

Ces colonnes indiquent la consommation de l'alcool en France en 1865, en 1880, en 1893. Chaque graduation de l'échelle représente 100 000 hectolitres.

SUICIDES DUS À L'ALCOOLISME

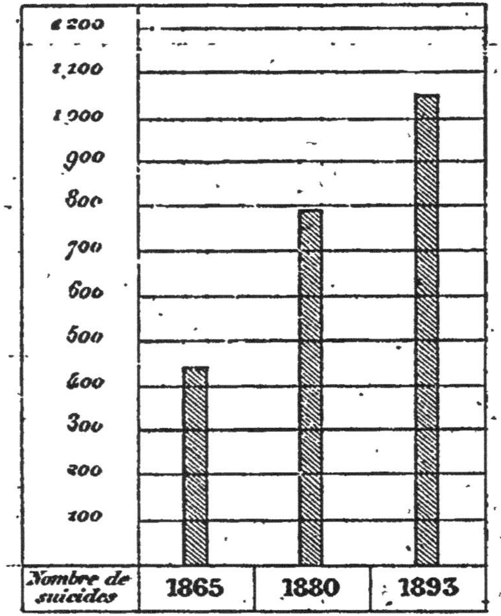

1 200 — 1 100 — 1 000 — 900 — 800 — 700 — 600 — 500 — 400 — 300 — 200 — 100

Nombre de suicides | 1865 | 1880 | 1893

Ces colonnes indiquent le nombre des suicides ayant l'alcoolisme pour cause pendant les années 1865, 1880 et 1893. Chaque graduation de l'échelle représente 100 suicides.

CAS DE FOLIE

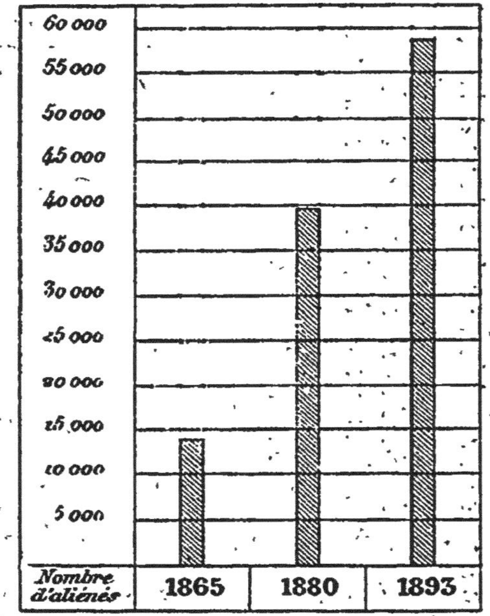

60 000 — 55 000 — 50 000 — 45 000 — 40 000 — 35 000 — 30 000 — 25 000 — 20 000 — 15 000 — 10 000 — 5 000

Nombre d'aliénés | 1865 | 1880 | 1893

Ces colonnes indiquent le nombre des cas de folie constatés en France en 1865, en 1880 et 1893. Chaque graduation de l'échelle représente 5 000 cas de folie.

FIG. 60. — De la comparaison de ces trois tableaux, résulte cette constatation évidente, qu'à mesure que la consommation d'alcool progresse, il se produit en France plus de cas de suicides, plus de cas de folie.

parallèlement croît aussi le nombre des suicides, des crimes, des cas de folie.

2. *Après avoir altéré sa santé par les excès, il arrive que l'alcoolique se détruit dans un accès de tristesse ou de désespoir.* Le

ALCOOLISME ET CRIME

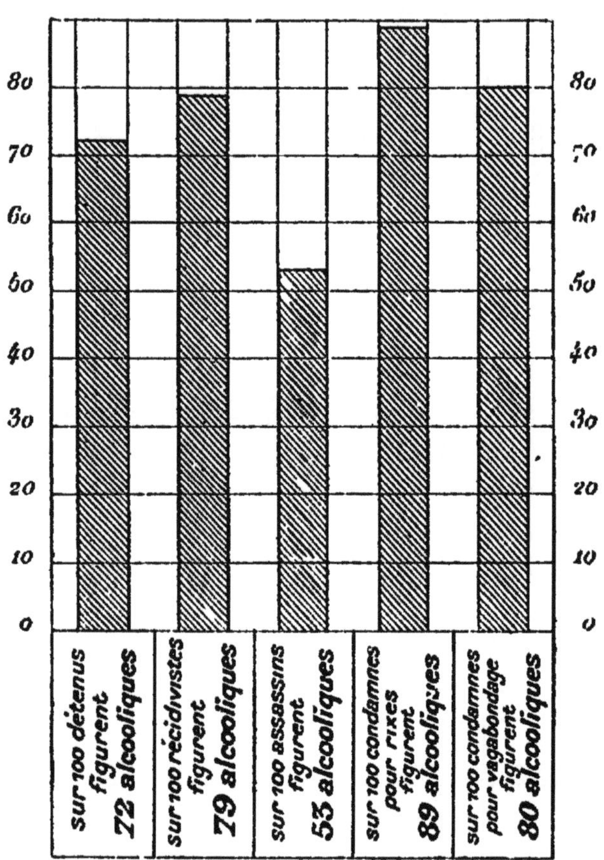

Fig. 61. — L'alcool arme les criminels et peuple les prisons.

nombre des suicides, et particulièrement des suicides provoqués par l'alcool, a *doublé* de 1865 à 1893.

3. L'homme n'a nul droit ni de disposer de sa vie, ni même de ruiner sa santé. Comme un soldat qui abandonne son poste, il commet une lâcheté en désertant le combat de la vie. Ce qu'il a de forces et d'intelligence, il le doit à sa famille, à la société.

4. L'*alcoolisme chronique*[1] produit des désordres organiques graves; l'*alcoolisme aigu*[2] produit des dérangements cérébraux; de toute façon, l'alcool *peuple les prisons et les asiles d'aliénés.*

5. *Plus de la moitié des assassins* sont des alcooliques; *les trois quarts des rixes* et au delà ont la boisson pour cause; dans les prisons, *72 pour cent des détenus* sont alcooliques.

6. Cette influence de l'alcool sur la criminalité est si incontestable qu'en 1838, à la suite d'une campagne contre l'intempérance, le nombre des prisonniers diminua de moitié en Écosse et en Irlande; une prison de Dublin fut fermée faute de détenus.

7. Les *pensionnaires des asiles d'aliénés ont quadruplé* de 1865 à 1893; dans la grande majorité des cas, ils sont atteints de folie alcoolique.

8. L'alcoolique est sujet à des *hallucinations*, c'est-à-dire à des troubles des sens, qui perçoivent des visions imaginaires, des bruits illusoires. Il est hanté de pensées de suicide ou de crime; il a la folie des grandeurs, de la persécution.

9. *Les crises d'épilepsie, de fureur se produisent parfois spontanément, chez des sujets qui n'ont pas fait un long usage de l'alcool*; il faut les attribuer soit aux *alcools de pomme de terre*, soit au *furfurol* des bouquets, soit aux *essences* des apéritifs, et à la plus pernicieuse de toutes, l'*essence d'absinthe.*

Questions orales ou écrites.

1. Quels rapports existent entre l'alcoolisme, les suicides, les crimes, la folie?
2. Dans quelle mesure les cas de suicide ont-ils augmenté?
3. L'homme a-t-il le droit d'attenter à sa vie?
4. Qu'est-ce que l'alcoolisme chronique? Qu'est-ce que l'alcoolisme aigu?
5. Quelle est l'influence de l'alcoolisme sur la criminalité?
6. Citez l'influence curieuse que la tempérance a exercée en Angleterre.
7. Quelle est la progression de la folie?
8. Qu'est-ce que l'hallucination alcoolique?
9. A quelles causes faut-il attribuer certaines crises subites d'épilepsie ou de fureur?

---

1. **Chronique**, qui a rapport au temps. Une *maladie chronique* est celle qui produit lentement ses ravages.
2. **Aigu**. Une *maladie aigue* est celle qui est rapide dans sa marche.

LECTURE

L'hallucination

Lorsque l'alcoolisme prend un caractère aigu, l'homme perd le sommeil et la raison. Ses nuits sont hantées par d'affreux cauchemars; le jour, il est le jouet de ses hallucinations.

Sur son lit de repos qui devient un lit de torture, il a des visions atroces; il croit voir des rats, des crapauds, des serpents ou d'autres animaux étranges, qui courent sur ses draps, glissent sur sa peau, cherchent à le mordre, et le font frémir d'effroi à leur contact immonde et gluant.

Tantôt son cerveau, ses yeux malades lui montrent en plein jour des choses fantastiques, des flammes, des nuages obscurs, des gouffres sans fond. En passant dans la rue, un alcoolique essayait d'attraper des cordes chimériques qu'il croyait suspendues au-dessus de sa tête.

On raconte qu'un mécanicien de chemin de fer apercevait tout à coup, devant la machine qu'il conduisait, des obstacles qui étaient une illusion de sa vue. Du doigt, il montre à son chauffeur un château qui barre la voie ferrée; brusquement il arrête le train. Pour échapper à un danger imaginaire, il risquait de provoquer une trop réelle catastrophe.

Plus étrange était l'illusion de ce cocher pour qui tous les objets étaient multipliés par dix; il avait devant lui dix arbres, dix candélabres, dix voitures de forme identique. Afin de les éviter, il dirigeait son cheval alternativement à droite et à gauche.

Bien extraordinaire aussi était ce cordonnier qui entendait un piano invisible, exécutant une valse au fond de son échoppe. A sa grande stupéfaction, souliers et brodequins, avec bottes et bottines, se mettent à danser une sarabande[1] effrénée. S'emportant, il saisit un bâton,

1. **Sarabande**, danse espagnole, rapide et agitée.

frappe à tort et à travers, pour faire rentrer dans l'ordre les chaussures dévergondées.

Tout cela peut paraître plaisant, et prêterait à rire, si ce n'était profondément navrant. Sans doute nous avons parfois pendant notre sommeil des rêves aussi excentriques; mais ils ne nous trompent pas. Ce qui afflige chez ces hallucinés, c'est qu'ils prennent leurs cauchemars pour des réalités. Par une aberration de l'œil et de l'oreille, ils perçoivent effectivement les fantômes, les bruits qui les effraient, ou les exaspèrent. Et ces déments ont parfois entre leurs mains les vies des personnes qui les entourent. Des excitations au meurtre frappent leurs

FIG. 62. — L'alcoolisme procure des hallucinations étranges ou baroques, mais qui dénotent toujours chez ceux qui en sont atteints une altération des facultes cérébrales.

oreilles; poussés par une force supérieure et irrésistible, ils commettent des crimes abominables, dont ils n'ont nul souvenir quand ils ont retrouvé un peu de calme d'esprit. A cet égard, les journaux sont pleins d'attristants récits, sur lesquels il serait préférable de jeter un voile.

A force de boire, ces misérables sont devenus des fous, des fous dangereux, des fous criminels. Nos asiles d'aliénés sont peuplés de malades dont la démence n'a pas d'autre origine que l'alcool.

Composition française.

Qu'est-ce que l'hallucination ?

Donnez quelques exemples d'hallucination alcoolique.

TRENTE-DEUXIÈME LEÇON

La descendance de l'alcoolique

Le pire châtiment pour l'alcoolique est d'être puni de son vice dans la personne de ses enfants.

1. L'empoisonnement par l'alcool ne se restreint pas à

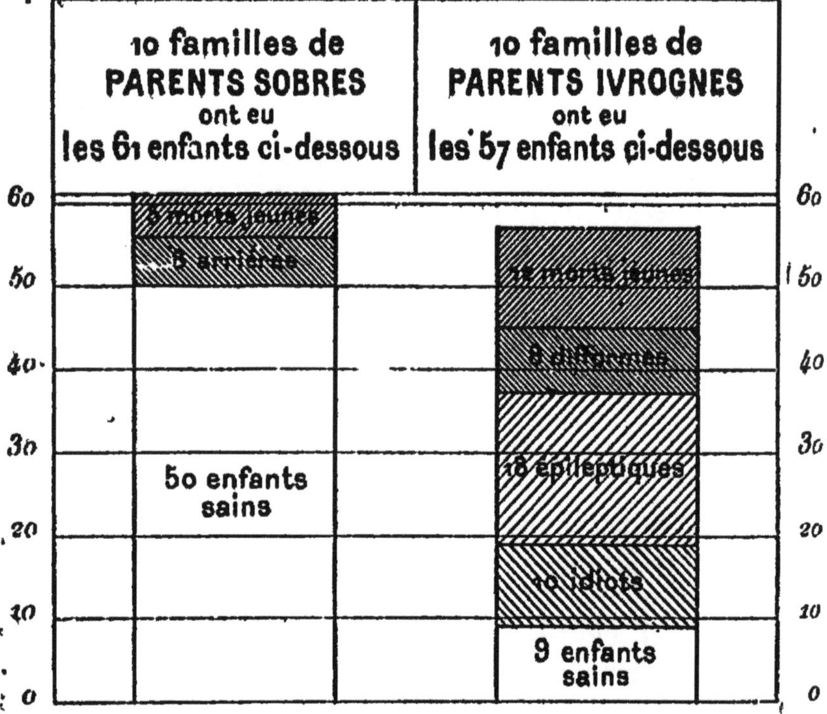

FIG. 63. — Ces deux colonnes représentent par leur hauteur les enfants appartenant à des familles sobres ou à des familles d'ivrognes. On y a laissé en blanc les enfants sains; on y a marqué de noir les enfants infirmes et dégénérés. Du côté des familles sobres, les enfants sains dominent; du côté des familles d'ivrognes, les enfants dégénérés sont en très grand nombre. La colonne sombre est à la fois celle de l'ivrognerie, de la maladie et de la mort.

celui qui le consomme ; ses effets désastreux atteignent malheureusement la descendance du buveur intempérant. *A père alcoolique, fils dégénéré.*

2. Les enfants d'alcooliques naissent trop souvent avec des tares qui en font des êtres déshérités, souffreteux, incapables de s'élever à la moyenne des intelligences et condamnés à une mort précoce.

A la première génération, ils sont souvent phtisiques ou épileptiques.

A la deuxième génération, ils sont rachitiques[1] ou idiots.

A la troisième génération, ils meurent jeunes, et la race s'éteint.

3. Un médecin suisse, — d'autres ont fait des observations analogues, — a suivi la descendance de 10 familles dont le père était sobre, et la descendance de 10 familles d'ivrognes :

Chez les premières, il a compté 50 enfants sains et bien portants sur 61 : tel est le fruit de la tempérance.

Chez les secondes, 9 enfants seulement sur 57 se sont développés normalement; les autres sont morts, ou ont été de pauvres êtres difformes et idiots.

4. *Est-il pour l'homme un pire châtiment que d'être puni de son vice dans la personne de ses enfants?*

5. Sans doute, la race française n'est pas près de s'éteindre; cependant l'alcool la menace dans sa vitalité. *L'accroissement de la population est moindre en France qu'en d'autres pays : il y a là un péril auquel il serait insensé de fermer les yeux.*

Questions orales ou écrites.

1. L'alcool n'empoisonne-t-il que celui qui le boit?
2. Que sont les enfants d'alcooliques?
3. Rappelez la statistique douloureuse d'un médecin suisse.
4. Quelle responsabilité effroyable pèse sur l'ivrogne?
5. Quels sont les dangers de la dépopulation?

1. **Rachitique**, atteint de rachitisme, maladie occasionnée par le ramollissement ou la déformation des os.

LECTURE

La fille de l'alcoolique

Grand émoi aux corons[1] de Nœux ! A la suite d'un crime commis dans un accès d'ivresse alcoolique, un mineur avait été arrêté. Le parquet de Béthune s'était transporté sur les lieux pour les constatations légales ; il était accompagné du vieux docteur Dubord. Avides de détails, hommes, femmes et enfants se pressaient autour du médecin, qui connaissait de longue date cette population minière, et qui traitait tous ces braves gens avec une familiarité vraiment touchante.

Excellent homme, autant qu'habile praticien, le docteur Dubord avait de la fortune ; il exerçait la médecine moins par profession que par goût et par dévoûment à l'humanité. Toujours il accompagnait son ordonnance d'un bon conseil ; et il n'était pas rare qu'avant de sortir, il glissât une pièce blanche sur la cheminée de la famille besogneuse.

Achevant de commenter les incidents qui venaient de bouleverser ces laborieux ouvriers : « Certes, disait-il, le genièvre et l'absinthe de vos estaminets sont des breuvages effrayants, puisqu'ils inspirent des crimes devant lesquels vous frémissez d'horreur. Là n'est pas pourtant le pire de leurs effets. Ce qui me navre, ce qui m'alarme pour l'avenir, c'est l'influence dissolvante de l'alcool sur la famille, sur la race. Le père est alcoolique ; les enfants naissent scrofuleux[2], rachitiques, idiots. Ah ! ils nous préparent une belle génération, tous vos ivrognes ! Demain, nous aurons une société de fous et d'épileptiques. Le sang s'appauvrit, la famille s'étiole, la race dégénère, puis s'éteint. Quels rejetons pousseraient sur

1. **Coron,** groupe d'habitations ouvrières dans les régions minières.

2. **Scrofuleux,** atteint de scrofules, ou humeurs froides, maladie des tempéraments lymphatiques.

une souche pourrie ! Un enfant d'alcoolique a bien des chances de payer de la vie le vice de son père.

« — Mais c'est affreux, ce que vous affirmez là, docteur », dit une voix souffreteuse.

Et l'assistance, triste et ironique tout à la fois, regarda une femme d'âge indéfinissable, qui paraissait plutôt jeune.

Son visage ridé, son regard doux et vague étaient le signe d'une vieillesse prématurée ; bossue et difforme, elle était comme arrêtée dans sa croissance. C'était la Cagneuse, brave fille, un peu simple, qui devait ce sobriquet à son infirmité !

FIG. 64. — Voyez cette infortunée, n'est-elle pas la preuve que, d'un père alcoolique, ne peuvent naître que des enfants faibles et rachitiques ?

« Oui, reprit le docteur, c'est affreux et injuste, mais le fait est incontestable. Pas besoin n'est d'aller chercher bien loin la preuve de ce que j'avance. Voyez cette pauvre enfant, ajouta-t-il en caressant amicalement le menton de la Cagneuse ; mes soins ont réussi à lui sauver la vie ; ils n'en ont pas fait un brillant sujet. Vous avez connu ses parents ; ils étaient vigoureusement constitués. Seulement son père était un ivrogne, et il a été tué par l'alcool ; sa mère est morte de chagrin. Cet être débile et souffreteux est tout ce qui reste d'une famille qui aurait pu faire souche d'enfants robustes. Le poison a détruit la graine. »

La Cagneuse rougit et versa une larme. — « Moquez-vous

de moi tant que vous voudrez, docteur, répliqua-t-elle ; les méchants gamins m'ont habituée aux railleries. Je vous en prie, ne dites pas de mal de mon père et de ma mère, qui étaient honnêtes et courageux.

— Ces paroles partent d'un bon cœur, dit avec compassion le vieux docteur. Je suis désolé, chère enfant, de te faire de la peine ; mais il faut, vois-tu, que les fautes des morts servent de leçon aux vivants. »

Composition française.

À la vue d'un homme en état d'ivresse, vous éprouvez d'abord un sentiment de *crainte*, puis de *dégoût*, enfin de *pitié*.

Dites pourquoi.

TRENTE-TROISIÈME LEÇON

Conséquences sociales

L'alcool fait de nos jours plus de ravages que ces trois fléaux historiques, la famine, la peste et la guerre.

GLADSTONE.

1. L'alcool, qui *dégrade l'individu*, qui *désorganise la famille, appauvrit aussi la patrie.*

2. Il ne prive pas seulement l'industrie de bras qui devraient participer à la richesse publique, l'État de talents qui auraient contribué à sa gloire : il ravit aussi à la nation des soldats qui auraient fait sa puissance.

3. En diminuant la natalité, en augmentant le nombre des conscrits mal conformés ou atteints de maladies, il porte préjudice au recrutement de l'armée. Les départements où les conscrits présentent le plus de cas d'exemption sont ceux qui tiennent la tête pour la consommation de l'alcool. Le mal est grave dans certaines régions, comme le nord-ouest, où l'on boit une moyenne de 15 litres d'alcool à 100° par an,

dans certaines localités, grands centres, villes normandes, où la moyenne atteint 18 litres.

4. Et quelles dispositions à l'obéissance, quelle endurance à la fatigue apporte au régiment le soldat intempérant ? *L'alcool, qui rend violent, rend aussi insubordonné*; et l'on sait que *la force d'une armée est faite des qualités d'entrain et de discipline de ses hommes.*

5. Si on établit le compte de l'alcool consommé annuellement en France, des journées perdues pour le travail, des charges que l'État supporte du seul fait de ce poison pour ses hôpitaux, ses prisons, ses asiles, on arrive au chiffre effrayant de *un milliard et demi* de dépenses.

6. Et ceci n'est encore rien, à côté des intelligences éteintes, des vies gaspillées.

7. On l'a dit avec raison : *l'alcool fait de nos jours plus de ravages que ces trois fléaux historiques, la famine, la peste et la guerre.*

Questions orales ou écrites.

1. Quelles sont les forces sociales que menace l'alcool ?
2. Comment l'alcool porte-t-il préjudice à la patrie ?
3. Quelles conséquences a l'alcoolisme pour le recrutement de l'armée ?
4. Un alcoolique peut-il avoir les qualités du soldat ?
5. Faites le compte des charges dont l'alcoolisme grève la richesse publique.
6. Quelle conclusion faut-il tirer de cette étude ?

LECTURE

Aux compagnies de discipline

Lors d'un voyage en Algérie, je séjournai quelques jours aux environs de Laghouat, chez mon ami le lieutenant Deraine. J'eus occasion de voir de près ces mauvais soldats que le recrutement envoie dans les bataillons d'Afrique, les conseils de guerre dans les compagnies de discipline, et que l'administration militaire emploie à des travaux de colonisation.

On y trouve des têtes chaudes qui, pas plus au régiment qu'à l'école ou à l'atelier, n'ont jamais courbé sous la discipline. Beaucoup d'entre eux n'ont pas connu leurs parents; ils sont devenus de mauvais sujets pour n'avoir pas subi l'influence bienfaisante de la famille. La plupart de ces hommes ont les traits durs; sur leur visage se lisent le vice, la bestialité.

Pourtant la tenue réservée, le regard triste de l'un de ces malheureux contrastait singulièrement avec l'effronterie de la plupart de ses compagnons. Je m'approchai de lui, attiré par une secrète sympathie mêlée de compassion. Je gagnai sa confiance, et il me raconta son histoire.

Fig. 65. — Je serrai la main de ce malheureux, qui montrait un sincère repentir de ses funestes excès.

« Mon histoire, dit-il, est bien simple; elle est bien triste aussi. Mon père exerçait une petite industrie assez florissante. Il rêvait de me faire admettre dans une école d'arts et métiers; car il voulait que j'apporte à son entreprise l'instruction qui lui manquait. Il mourut trop tôt, à la suite d'un accident. Ma mère fut obligée de liquider. Le chagrin la mina; elle disparut à son tour.

« A l'âge de seize ans, je me trouvai à la tête d'un modeste pécule; mais j'étais livré à moi-même. Étant à la ville pour mes études, je ne voulus pas retourner au village, où ne m'appelaient ni intérêts, ni affections. Là je me liai avec des désœuvrés; au lieu de travailler, je fréquentai les cafés; je jouai. Bientôt sans ressources, j'entrai dans les cabarets de bas étage. Parfois je rougissais de moi-même; mais avais-je la force de rompre avec mes amis de plaisir? Puis, il faut bien l'avouer, la boisson me procurait d'agréables moments de gaieté et d'oubli.

La conscription vint. Je fus versé dans un régiment d'infanterie. Soldat négligent et malpropre, plutôt qu'insoumis, j'encourus les reproches répétés de mon sergent. Je le pris en aversion. Un soir, — il y aura bientôt un an de cela — après une journée passée au cabaret, je lui refusai l'obéissance. Il insista; je résistai. Poussé par le vin et la colère, je le frappai, et... me voici. »

Il s'arrêta ému, puis reprit lentement :

« J'ai eu le loisir de faire un retour sur le passé. La privation d'alcool ne me fait pas souffrir; car je buvais autrefois moins par besoin que pour céder à l'entraînement et pour m'étourdir. J'ai peut-être moins soif sous le soleil brûlant d'Afrique que dans l'étuve[1] desséchante des cabarets... Ce qui m'afflige, ce qui m'écœure, c'est le coudoiement auquel je suis condamné ici. Mes amis de jeunesse étaient légers; ils n'avaient pas des instincts de malfaiteurs... Cependant la pensée de ma libération prochaine me torture. Comment trouver du travail? Il faudra avouer mon séjour dans les compagnies de discipline; et alors qui aura confiance en moi?

— Si vous restez dans ces dispositions, lui dis-je, vous vous relèverez, et vous rencontrerez des gens de cœur en France qui vous y aideront. »

Je quittai ce disciplinaire en lui serrant la main.

Composition française.

Racontez les faits suivants :

A la suite d'une rixe survenue dans la chambrée entre deux hommes pris de boisson, le colonel du régiment a interdit la vente de l'alcool à la cantine. Le soldat Pirmon s'en étonne. Son caporal lui explique les raisons de cette sage mesure.

---

1. Étuve, local chauffé à la vapeur.

TRENTE-QUATRIÈME LEÇON

Le remède au poison

Nous avons plus de force que de volonté, et c'est souvent pour nous excuser à nous-même que nous nous imaginons que les choses sont impossibles.

La Rochefoucauld.

1. De ce qui précède, faut-il conclure que l'homme qui

Fig. 66. — **Liqueurs et apéritifs** — Ces flacons représentent la collection des poisons offerts à l'ignorance, à la faiblesse et à la passion du buveur.

boit est fatalement et irrémédiablement perdu ? Il n'est pas de vice, si ancien et si enraciné qu'il soit, dont on ne réussisse à se corriger, à la condition de le vouloir fermement.

2. Et tout d'abord, *il faut se persuader que l'alcool est un insidieux poison*. Quand on connaît sa maladie, on n'est pas encore sauvé, mais on a fait un pas vers la guérison.

3. Ce qui contribue à la propagation de l'alcoolisme, c'est que beaucoup de gens sont *ignorants du danger* qu'il leur fait courir.

Ils ne le soupçonnent pas, ces hommes qui font boire la goutte à leur fils pour « tuer le ver »; elles ne le soupçonnent pas, ces mères imprudentes qui préparent la soupe à l'eau-de-vie pour le déjeuner de la famille. *S'ils croyaient mal faire, ils seraient de vils criminels, et il n'y a pas de parents coupables d'une telle indignité.*

4. Il ne suffit pas d'ouvrir les yeux, pour rompre avec une habitude, pour s'affranchir d'une passion. On lutte contre le désir allumé en s'armant de volonté : c'est la volonté qui a sombré, *c'est la volonté qu'il convient de fortifier.*

5. On prend une énergique résolution, on évite toutes les occasions de boire, on s'éloigne des camarades dont on peut redouter l'entraînement irrésistible.

6. Le remède le plus efficace consiste à procéder *de haute lutte*, c'est-à-dire à *rompre brusquement avec le vice.* La privation totale d'alcool coûtera moins qu'une diminution progressive de la ration, qui exposerait à des retours offensifs de la passion.

Questions orales ou écrites.

1. L'alcoolisme est-il guérissable?
2. Quelle est la première condition pour s'en guérir?
3. Quelle est la cause principale de ce fléau?
4. Quelle est la faculté qui peut sauver l'ivrogne?
5. Quels moyens sont à sa disposition?
6. Doit-il cesser de boire brusquement ou progressivement?

LECTURE

Deux caractères

Voltaire raconte que Charles XII, roi de Suède, résolut de s'abstenir de vin toute sa vie. « Les uns disent, ajoute le grand écrivain, qu'il n'avait pris ce parti que pour dompter en tout la nature, et pour ajouter une nouvelle vertu à son héroïsme. » Le plus grand nombre prétendent qu'il voulut par là se punir d'un affront qu'à la suite d'un excès de table, il avait fait à la reine sa grand'mère.

Charles XII revenait de la chasse; il avait bu trop copieusement à son déjeuner. Le soir, tout crotté et couvert du sang des animaux qu'il avait tués, il se présenta au dîner de la reine. Celle-ci lui adressa des remontrances pour ce manquement à l'étiquette de la cour, et elle lui reprocha amèrement de s'adonner au vin. Le roi s'emporta, se leva de table pour quitter la salle du festin. Dans sa précipitation, soit par mégarde, soit intentionnellement, de son éperon il accrocha la table, et renversa tous les plats sur le parquet.

Le lendemain, il remarqua à l'attitude de la reine qu'il l'avait offensée. Il demanda la raison du froid accueil qu'elle lui faisait, car il avait oublié la scène de la veille. Quand il sut que, pris de boisson, il avait manqué au respect qu'il devait à sa grand'mère, il courut au buffet, se versa un verre de vin et but à la santé de la reine : « Puisque le vin m'a fait oublier à ce point les égards que je dois à la reine, c'est la dernière fois que j'en bois de ma vie. » Appréciant cette détermination, Voltaire dit : « Cette condamnation de soi-même, cette privation qu'il s'imposa toute sa vie sont une espèce d'héroïsme qui mérite l'admiration. »

Non moins admirable est le héros légendaire de Waterloo, Cambronne, qui prit dans des circonstances différentes, la même courageuse résolution. Il était caporal à Nantes en 1795. Étant en état d'ivresse, il refusa d'obéir à un de ses officiers; il fut condamné à être passé par les armes. Touché de sa jeunesse, son colonel lui fit grâce, à la condition de ne plus boire de vin de sa vie. Le caporal donna sa parole d'honneur.

Dix ans plus tard, Cambronne était général. Un jour, il se trouva à côté de son colonel de 1795, général aussi comme lui. Celui-ci lui offrit un verre de vin. Cambronne le regarda fixement, et lui dit avec une noble fermeté :

« Avez-vous donc oublié, camarade, la promesse que je fis au colonel de 1795 dans la prison de Nantes? Depuis lors, je n'ai bu ni vin ni liqueur. » N'y a-t-il pas de quoi être touché jusqu'aux larmes ?

Les hommes tels que Charles XII et Cambronne, qui exerçaient un tel empire sur eux-mêmes, étaient bien dignes d'inspirer confiance à leurs soldats et bien capables de les conduire à la victoire. D'ailleurs, ces actes si simplement courageux de leur vie privée, qui révèlent

Fig. 67.

1. **Serment du caporal Cambronne (1795).** — Je jure, mon colonel, que, désormais, je ne boirai plus de vin !

2 **Dix ans plus tard.** — Camarade! Auriez-vous donc oublié la promesse du caporal Cambronne?

tant de force de caractère, ne valent-ils pas les plus brillants faits d'armes ?

Composition française.

Levaillant avait ramené de ses voyages d'exploration un singe intelligent, Kées, auquel il faisait prendre la goutte avec lui. Un jour, il approcha de la soucoupe une allumette ; le liquide prit feu. Depuis lors, Kées refusa tout alcool.

Racontez ce fait. Les buveurs ne reçoivent-ils pas des avertissements comme la flamme qui a montré à Kées les dangers de l'alcool? Sont-ils aussi avisés que lui ?

QUATRIÈME PARTIE

LA VIE SOBRE

TRENTE-CINQUIÈME LEÇON

L'eau

Le bonheur de l'homme est dans la victoire de l'intelligence sur les instincts et de l'âme sur les sens.

HAREMBERG.

1. Le corps d'un être vivant chasse au dehors les éléments devenus impropres à la vie. L'alimentation fournit les matériaux de remplacement. *Chez l'homme adulte, il faut que l'apport compense les pertes.*

2. Le corps de l'homme contient les *deux tiers de son poids d'eau.* Par les reins, les poumons et la peau, *il en perd quotidiennement deux litres.* En tenant compte de l'eau fournie par les aliments, *il faut à l'homme de un à deux litres de boisson quotidienne.* Variable avec le tempérament, le travail, la saison, la quantité nécessaire n'est ni inférieure à un litre, ni supérieure à deux litres.

3. On remarquera que c'est de l'eau qu'élimine le corps, et que, par suite, il réclame de l'eau, non de l'alcool ou des essences.

4. La *soif*, tout comme la faim, le sommeil, est une sensation qui indique un besoin de l'organisme. Il serait insensé et dangereux de ne pas la satisfaire.

5. Pourtant : 1° *Un excès de boisson ne la calme pas toujours ;* il accroît la transpiration.

2° *Quelques gorgées d'eau tiède l'apaisent plus sûrement.*

3° *Boire dans l'intervalle des repas n'est pas une pratique hygiénique.*

6. L'instinct est pour l'animal un guide presque infaillible; *chez l'homme, c'est la raison, c'est la connaissance scientifique qui doit régler la conduite.*

7. *La boisson par excellence est l'eau de source*, claire, aérée, sans odeur. L'eau potable est celle qui est peu chargée de sels; elle cuit les légumes, dissout le savon, ne contient pas de matières organiques.

8. Il est important que les puits ne reçoivent pas des infiltrations de purin, de fosses d'aisances, d'eaux ménagères.

9. *Toute eau suspecte doit être stérilisée par l'ébullition ou par filtrage.*

Questions orales ou écrites.

1. Quel est le rôle de l'alimentation?

2. Quelle quantité d'eau perd le corps tous les jours?

3. Comment répare-t-on les pertes dues à la transpiration?

4. Qu'est-ce que la soif?

5. Quelle mesure faut-il garder dans la satisfaction de la soif?

6. Quel est le rapport de l'instinct et de la raison?

7. Quelle est la meilleure boisson, et quelles sont les qualités de l'eau potable?

8. Quels dangers offrent les eaux de puits?

9. Comment purifie-t-on une eau suspecte ou malsaine?

LECTURE

Les eaux potables

L'air, la terre sont peuplés de germes d'une extrême petitesse, êtres vivants invisibles à l'œil nu, qu'on appelle des *microbes*. Ces germes se répandent partout, avec les poussières de l'atmosphère, avec les eaux qui les entraînent. Ils se posent sur les meubles, les vêtements, les aliments; ils pénètrent dans notre corps par l'air respiré, par la nourriture prise. Le microscope les découvre; mais ils se révèlent par les altérations qu'ils déterminent dans les substances organiques, par les maladies qu'ils engendrent.

Les uns, comme les *ferments*, changent les jus sucrés en alcools; ceux-ci font aigrir la pâte, le vin; il y en a qui corrompent le bouillon, qui provoquent la putréfaction des viandes. D'autres, les *germes morbides*[1], sont la cause des maladies des hommes ou des animaux. Suivant leur nature, ils se développent dans le tube digestif, dans les poumons, dans le sang; ils occasionnent la dysenterie, la fièvre typhoïde, le choléra, la tuberculose, le croup, la rage et tant d'autres affections.

On comprend facilement que ces microbes existent en abondance dans les fumiers, les fosses d'aisances, les

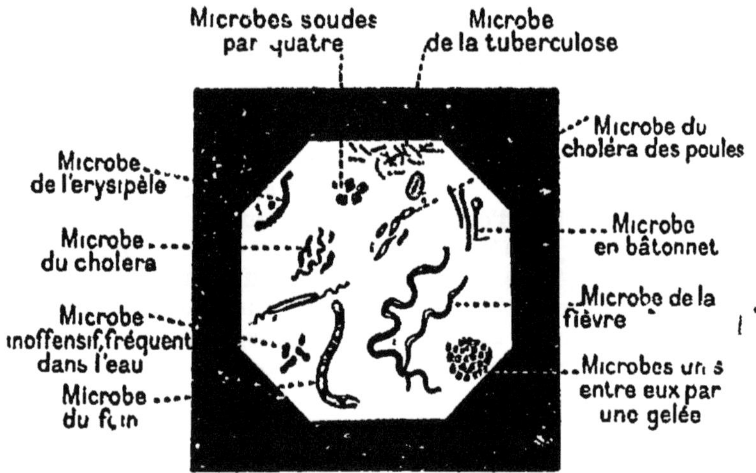

Fig. 68. — **Ce qu'on voit au microscope dans une goutte d'eau impure.** — Les microbes se nourrissent aux dépens de nos tissus, produisent des substances qui les empoisonnent, et sont la cause de la plupart des maladies contagieuses ou épidémiques.

matières en putréfaction. Si les égouts d'une localité aboutissent à une rivière, ils y déversent des germes de dangereuses maladies. Si, par suite d'une fissure, d'une disposition malheureuse, les eaux d'une étable ou d'une fosse s'infiltrent dans un puits, elles le corrompent. L'eau ainsi contaminée peut conserver sa limpidité, n'exhaler aucune odeur, ne présenter aucune apparence suspecte On la boit avec confiance et on est atteint par l'épidémie.

C'est par les eaux impures que se propagent le plus

1. **Morbide**, qui produit la maladie.

souvent ces trois épidémies : dysenterie, fièvre typhoïde, choléra, qui sont des affections du tube digestif.

Fig. 69 — Différents microbes de l'eau considérablement grossis — Pour détruire les microbes contenus dans l'eau, il faut la faire bouillir ou la filtrer.

Il convient donc de se préoccuper de l'origine et de la composition de l'eau qu'on boit. L'eau de source est la seule potable. C'est de l'eau de pluie qui a pénétré dans le sol, a traversé goutte à goutte d'épaisses couches de terre. Cheminant dans les profondeurs de la terre jusqu'à ce qu'elle ait rencontré une couche imperméable, elle s'est débarrassée des germes qu'elle avait pu prendre à la surface. Si rien ne la contamine au moment où, après son long trajet, elle affleure au sol, l'eau de source est bien pure ; elle constitue la meilleure des boissons.

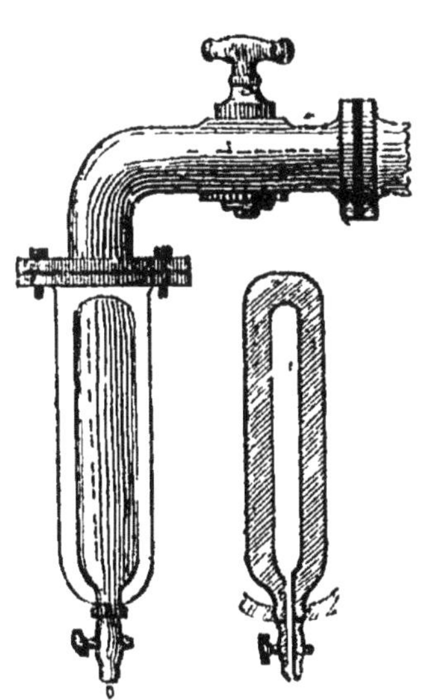

Fig. 70 — Filtre système Pasteur. — Dans ce filtre, l'eau se débarrasse de ses microbes en traversant une bougie de biscuit de porcelaine. Il suffit de faire passer cette bougie au four, lorsqu'elle a servi un certain temps, pour brûler les germes qui se sont déposés à sa surface.

Mais les eaux de rivière qui ont traversé des villages ou des villes, les eaux de puits, et surtout de puits peu profonds, les eaux mêmes de pluie recueillies dans des citernes n'offrent aucune sécurité. Elles doivent être considérées comme suspectes de souillures, et ne peuvent être consommées qu'après avoir été purifiées. Ce ne sont ni les alcools, ni les essences dont on les additionne parfois qui sont susceptibles de les améliorer : ces mélanges en masquent le goût; ils ne détruisent pas les microbes. On purifie ces eaux par l'ébullition ou par le filtrage.

Les germes morbides sont tués dans les eaux que l'on porte à 100 degrés de température. Ils sont arrêtés par les filtres à grain très serré, à la condition que la matière filtrante soit de remplacement ou d'entretien très facile. Là où on n'a pas de filtres sûrs, l'hygiène recommande de porter à l'ébullition toute eau suspecte, et de ne boire que de l'eau bouillie en temps d'épidémie typhoïde ou cholérique.

Composition française.

Qu'est-ce que les microbes? Quel rôle jouent-ils dans la propagation des maladies? Quelles précautions faut-il prendre en tout temps, et surtout lors des épidémies, en ce qui concerne l'eau de boisson?

TRENTE-SIXIÈME LEÇON

Le lait, le vin, la bière

Si l'on veut donner quelque chose au plaisir, au moins faut-il y garder beaucoup de mesure.

CICÉRON.

1. *Le lait est mieux qu'une boisson : c'est un aliment complet.* Il constitue toute la nourriture des jeunes enfants.

Très digestif, il convient aux estomacs délicats. Pour les personnes bien portantes, comme pour les malades, il est très propre au déjeuner du matin. Le lait est un désaltérant excellent.

2. Pour se préserver des maladies pouvant atteindre les animaux qui l'ont fourni, il est prudent de ne le boire *qu'après cuisson.*

3. *Le vin, légèrement étendu d'eau, est la meilleure boisson pour les repas :* il excite les fonctions digestives; il sert de

Fig. 71.

stimulant aux organes. A juste titre, il a été de tout temps la boisson nationale; ceux qui en usent modérément en ressentent l'action tonique et les effets généreux.

4. L'homme qui se livre au *travail manuel* n'en doit pas consommer plus d'*un litre* par jour. Celui qui exerce une *profession sédentaire* doit se contenter d'un *demi-litre* quotidiennement.

Il est dangereux de boire du vin soit à jeun, soit dans l'intervalle des repas.

5. *En aucun cas, les enfants ne boiront de vin pur ;* leur in sera coupé de *trois à quatre fois son volume d'eau.*

6. La *bière* ou le *cidre* faibles constituent également une bonne boisson ; bien qu'inférieure au vin, elle est aussi saine qu'agréable.

7. La consommation en bière ou en cidre d'un adulte ne doit pas dépasser *un litre par repas.* Jamais il ne faut les alcooliser. Pour les enfants, il est nécessaire de les additionner d'un peu d'eau.

Questions orales ou écrites.

1. Quelle est la valeur du lait?
2. Faut-il boire le lait avant cuisson ?
3. Que vaut le vin comme boisson ?
4. Quelle ration de vin peut-on boire ?
5. Les enfants doivent ils boire du vin pur?
6. Que valent la bière, le cidre, comme boissons ?
7. Quelle ration de bière ou de cidre peut-on boire ?

LECTURE

Simplicité des mœurs

L'ordre, l'économie, le travail, un petit commerce et surtout la frugalité, nous entretenaient dans l'aisance. Le petit jardin produisait presque assez de légumes pour les besoins de la maison, qui ne se composait pas moins d'une quinzaine d'enfants, sous le patriarcat[1] du tailleur d'habits. L'enclos nous donnait des fruits, et nos coings, nos pommes et nos poires, confits au miel de nos abeilles, étaient durant l'hiver pour les enfants et les bonnes vieilles les déjeuners les plus exquis. Le troupeau de la bergerie de Saint-Thomas habillait de sa laine tantôt les femmes

[1] **Patriarcat**, direction ou gouvernement d'un patriarche.

et tantôt les enfants. Mes tantes la filaient; elles filaient aussi le chanvre du champ, qui nous donnait le linge; et les soirées où, à la lueur d'une lampe qu'alimentait l'huile de nos noyers, la jeunesse du village venait teiller[1] avec nous ce beau chanvre, formaient un tableau ravissant. La récolte des grains de la petite métairie assurait notre subsistance. La cire et le miel de nos abeilles, que l'une de mes tantes cultivait avec soin, était un revenu qui coûtait peu de frais; nos galettes de sarrasin, humectées, toutes brûlantes, de ce bon beurre du Mont-Dor, étaient pour nous le plus friand régal, et je ne sais pas quel mets nous eût paru meilleur que nos raves et nos châtaignes.

Fig. 72. — Quand, dans une famille tout le monde travaille, l'aisance est assurée.

Ainsi, dans un ménage où rien n'était perdu, de petits objets réunis entretenaient une sorte d'aisance et laissaient peu de dépense à faire pour suffire à tous nos besoins. Le bois mort, dans les forêts voisines, était en abondance et presque en non valeur; il était permis à mon père d'en tirer sa provision. L'excellent beurre de la montagne et les fromages les plus délicats étaient communs et coûtaient peu; le vin n'était pas cher, et mon père lui même en usait sobrement.

Marmontel.

Composition française.

Quelle est la composition du lait? Quel parti précieux l'homme en retire-t-il pour son alimentation?

---

1. **Teiller**, détacher du chanvre l'écorce et les brindilles.

TRENTE-SEPTIÈME LEÇON

Les boissons aromatiques

Les boissons aromatiques sont l'antidote[1] des breuvages alcooliques.

SÉRIEUX ET MATHIEU.

1. L'homme varie ses aliments ; il est légitime qu'il varie ses boissons, et qu'il leur demande quelques sensations agréables d'odeur ou de saveur. Les boissons aromatiques répondent à ce besoin, sans présenter les inconvénients des boissons fermentées, ou les dangers des boissons distillées.

2. On désigne, sous le nom de *boissons aromatiques*, le *café*, le *thé*, les *limonades* et les *sirops*.

3. Le *café* est un stimulant de la digestion, de la circulation, de l'effort musculaire. Tout en entretenant la vigueur, il empêche l'essoufflement et les palpitations qui sont la suite d'un travail violent. Excitant du système nerveux, il prévient la fatigue intellectuelle.

Étendue d'eau, l'infusion[2] de café calme la soif.

4. Le *thé* contient un principe actif analogue à celui du café. Ses effets sur les fonctions organiques sont identiques ; ils sont même plus accentués, mais on le prend moins concentré.

5. Dans un litre, on fait infuser 100 à 120 grammes de café torréfié. Dans la même quantité d'eau, on ne fait infuser que 10 à 20 grammes de thé noir.

6. Les *limonades* se préparent en faisant macérer, dans de l'eau sucrée chaude ou froide, des fruits aromatiques tels que le limon, l'orange, le citron, le cédrat.

7. Les limonades gazeuses s'obtiennent au moyen de l'acide citrique ou tartrique et du bicarbonate de soude.

8. Enfin les *sirops de fruits* (framboises, groseilles, cassis, fraises), étendus d'eau fraîche, fournissent des boissons très

---

1. **Antidote**, contre-poison.
2. **Infusion**, liquide obtenu en faisant passer de l'eau bouillante sur une substance.

agréables. Ayant beaucoup de finesse, ils ne paraissent fades qu'aux palais qui ont été blasés par les liqueurs fortes.

9. Le café, le thé, les limonades, les sirops ne sont pas seulement les *boissons les plus hygiéniques*; ce sont aussi les *plus économiques*.

Questions orales ou écrites.

1. Comment l'homme peut-il varier ses boissons et les rendre agréables ?
2. Enumérez les boissons aromatiques.
3. Quels sont les effets du café ?
4. Quels sont les effets du thé ?
5. Quelles quantités de café, de thé, infuse-t-on par litre ?
6. Comment se préparent les limonades ?
7. Qu'est-ce qu'une limonade gazeuse ?
8. Que savez-vous des sirops de fruits ?
9. Quelles sont les boissons économiques ?

LECTURE

Le café et le thé

Les avantages de l'infusion de *café* sont multiples et dus non seulement à la caféine, mais encore à la présence d'autres substances stimulantes. « Ce n'est pas sans raison, dit Cabanis, que quelques écrivains ont appelé le café une boisson intellectuelle. Il rend les sensations plus vives, les idées plus nettes. Le café n'a pas les inconvénients des narcotiques, des esprits ardents, ni même du vin; il est, au contraire, le moyen le plus efficace de combattre leurs effets pernicieux. »

FIG. 73. — **Rameau de caféier.** — Les graines, qui sont seules employées, sont renfermées au nombre de deux dans de petites baies rouges qui ressemblent un peu à des cerises.

Jules Rochard insiste sur ses avantages hygiéniques : « Aux colonies, c'est la première boisson qu'on prenne en s'éveillant; elle réconforte et rend agile; elle aide à supporter les fatigues de la journée. Aucune boisson ne convient comme le café noir pour calmer la soif et modérer les sueurs dans les régions intertropicales. »

FIG. 71. — **Rameau de thé.** — Le thé est un arbuste qui ne croît spontanément qu'en Chine et au Japon, mais que l'on cultive, en dehors de ces deux pays, dans l'Inde, au Brésil et à l'Ile de France. Le plus estimé est le thé de la Chine. Les Chinois, les Russes, les Anglais en font une énorme consommation.

C'est au XVIIe siècle que l'usage du thé a été introduit en Europe.

Son action sur les fonctions musculaires n'est pas moins favorable. De récentes expériences entreprises en Bavière sur les troupes en manœuvre ont prouvé les bons effets du café contre le surmenage.

Le café ne peut-il pas intoxiquer? Voici ce que répond l'expérimentation sur l'homme : une dose énorme de seize tasses de café noir (250 grammes dans un litre d'eau) a amené, à la région de l'estomac, une angoisse analogue à celle qui suit une émotion vive, de l'insomnie, de l'irrégularité avec précipitation du pouls; mais ces phénomènes avaient disparu le lendemain.

Le *thé* est la boisson nationale en Extrême-Orient; les peuples du Nord de l'Europe en font une grande consommation depuis l'époque de son introduction par les Hollandais; il n'a pris faveur en France qu'à partir de 1830.

Le principe actif du thé a une action analogue à la caféine. Il produit une excitation générale de toutes les fonctions; il est tonique, et, dans une certaine mesure, nutritif. Pour Germain Sée, le thé est la meilleure boisson digestive. Il doit être léger et bu à une température élevée.

Le thé peut intoxiquer, c'est certain; mais son action n'est à craindre que s'il est absorbé à des doses très élevées. Payen a calculé qu'il faudrait chez l'homme un kilogramme de thé en substance, équivalant à 70 litres d'infusion, pour amener de sérieux accidents toxiques. Si donc l'infusion de thé cause parfois des troubles, c'est surtout par la quantité d'eau chaude qu'il force à absorber. Un continuel lavage interne peut, chez les rares individus passionnés pour cette boisson, débiliter l'estomac, affaiblir l'action des sucs digestifs qu'il dilue[1] à l'excès.

Dans les régions tropicales, on a recours à l'infusion de thé pour remplacer l'eau crue généralement détestable. Les Chinois et les Annamites n'ont pas d'autre boisson, et nos troupes en ont adopté l'usage en Tunisie et au Tonkin. Le général anglais Wolseley enfin, dans une guerre contre les Achantis, substitua complètement l'emploi du thé à celui des boissons alcooliques, et cette mesure fut prise pour le plus grand profit de ses troupes.

D'après Sérieux et Mathieu,
L'Alcool, F. Alcan, éditeur.

Composition française.

Enumerez les principales boissons hygiéniques, et dites ce que vous savez de chacune d'elles.

TRENTE-HUITIÈME LEÇON

Tempérants et abstinents

Les plaisirs simples et modérés sont aussi les meilleurs et les plus durables.

1. La *tempérance* est la modération dans le boire, et d'une manière générale, dans la satisfaction de tous les autres

---

1. **Diluer**, étendre d'eau.

besoins. Elle n'est pas seulement la condition de la santé : en entretenant la délicatesse du goût, elle favorise la jouissance. Celui qui s'habitue aux liqueurs fortes, comme aux viandes épicées, trouve fades les aliments les plus savoureux ; et les plaisirs dont on abuse ne laissent après eux que dégoût.

2. Comme l'alcool, même à très faible dose, n'est pas indispensable à la santé, diverses personnes renoncent complètement à l'usage non seulement des boissons distillées, mais aussi des boissons fermentées : ce sont des *abstinents*.

3. Les abstinents sont nombreux en Angleterre, en Suède, aux Etats-Unis. Dans ces pays, ils constituent des ligues dont les adhérents s'engagent par serment à ne pas boire de boisson fermentée.

4. *En France comme à l'étranger, les abstinents ne sont ni moins sains ni moins robustes, ni moins actifs que les tempérants.*

5. En renonçant à l'usage du vin, diverses personnes ont vu cesser certains malaises qui suivaient leur repas, lourdeurs de têtes, somnolences, digestions laborieuses.

6. *L'hygiène ne prescrit ni ne condamne l'abstinence :* c'est affaire de préférence personnelle ou de disposition organique.

7. On peut résumer ainsi l'hygiène de la boisson.

1° Ne jamais prendre de boissons distillées.

2° N'user que de boissons fermentées d'un faible degré alcoolique et aux repas seulement.

3° Ne donner aux enfants des boissons fermentées qu'à la condition de les étendre d'eau.

4° Ne boire entre les repas que dans les cas de nécessité absolue ; prendre alors, et très modérément des boissons aromatiques.

Questions orales ou écrites.

1. Quelle est l'influence de la tempérance sur la santé et sur la jouissance ?

2. Qu'appelle-t-on abstinents ?

3. Quels pays ont le plus d'abstinents ?

4. Comparez les tempérants et les abstinents sous le rapport de la santé.

5. Dans quels cas la privation du vin a-t-elle eu d'heureux résultats ?

6. Quelle est la règle d'hygiène à l'égard de l'abstinence ?

7. Résumez les règles de l'hygiène de la boisson.

LECTURE

La Bétique[1]

Le fleuve Bétis coule dans un pays fertile, et sous un ciel doux, qui est toujours serein. Le pays a pris le nom du fleuve, qui se jette dans le grand Océan. Les hivers y sont tièdes, et les rigoureux aquilons[2] n'y soufflent jamais. L'ardeur de l'été y est toujours tempérée par les zéphyrs[3] rafraîchissants qui viennent adoucir l'air vers le milieu du jour. Les chemins y sont bordés de lauriers, de

Fig 75. — Une vie simple et frugale conservait aux habitants de la Bétique la paix, l'union et la liberté.

jasmins et d'autres arbres toujours verts et toujours fleuris.

Les montagnes sont couvertes de troupeaux qui fournissent des laines fines recherchées de toutes les nations connues. Les femmes filent cette belle laine, et en font des étoffes fines d'une merveilleuse blancheur; elles font le pain, apprêtent à manger, et ce travail leur est facile, car on vit en ce pays de fruits et de lait, et rarement de viande. Elles tiennent les maisons dans un ordre et une propreté admirables et font tous les habits de la famille.

1. **Bétique**, pays imaginaire décrit dans le Télémaque.
2. **Aquilon**, vent violent du nord.
3. **Zéphyr**, vent d'ouest, doux et agréable.

Les hommes n'ont d'autres arts à exercer, outre la culture des terres et la conduite des troupeaux, que l'art de mettre le bois et le fer en œuvre. Quand on leur parle des peuples qui ont l'art de faire des bâtiments superbes, des meubles d'or et d'argent, des étoffes ornées de broderies et de pierres précieuses, des parfums exquis, des mets délicieux, des instruments dont l'harmonie charme, ils répondent en ces termes : « Ces peuples sont bien malheureux d'avoir employé tant de travail et d'industrie à se corrompre eux-mêmes! Ce superflu amollit, enivre, tourmente ceux qui le possèdent. Les hommes de ces pays sont-ils plus sains, plus robustes que nous? vivent-ils plus longtemps? sont-ils plus unis entre eux? mènent-ils une vie plus tranquille? plus gaie? Au contraire, ils doivent être jaloux les uns des autres, rongés par une lâche et noire envie, toujours agités par l'ambition, par la crainte, par l'avarice, incapables des plaisirs purs et simples, puisqu'ils sont esclaves de tant de fausses nécessités dont ils font dépendre tout leur bonheur. »

C'est ainsi que parlent ces hommes sages, qui n'ont appris la sagesse qu'en étudiant la simple nature. Il ne faut point de juge parmi eux, car leur propre conscience les juge. Tous les biens sont communs : les fruits des arbres, les légumes de la terre, le lait des troupeaux sont des richesses si abondantes, que des peuples si sobres et si modérés n'ont pas besoin de les partager. Ainsi, ils n'ont point d'intérêts à soutenir les uns contre les autres, et ils s'aiment tous d'une amour fraternelle que rien ne trouble. C'est le retranchement des vaines richesses et des plaisirs trompeurs qui leur conserve cette paix, cette union et cette liberté. Ils sont tous libres, tous égaux.

FÉNELON.

Composition française.

Écrivez à un de vos amis pour lui faire savoir que votre instituteur vient de fonder dans la localité une société de tempérance, et lui dire quelles raisons vous ont décidé à y adhérer.

TRENTE-NEUVIÈME LEÇON

Les goûts

Peupler son cœur de goûts purs et élevés, c'est se bâtir à soi-même des maisons de refuge.

LEGOUVÉ.

1. Le désœuvrement procure aux cafés leur clientèle. Les soirées sont longues, les dimanches monotones ; pour fuir l'ennui, on se rend dans un lieu où l'on trouvera des camarades gais et communicatifs.

2. L'homme qui, en qualité de fils, de mari, de père, sait *apprécier les joies saines de la famille*, est à l'abri des tentations du café ou du cabaret.

3. *Certains goûts procurent d'agréables passe-temps et offrent des ressources contre l'ennui :* la musique, le dessin, par exemple. L'ouvrier de l'usine peut cultiver un jardinet, l'employé de magasin ou de bureau exercer un métier manuel. En exécutant des travaux d'amateur qui ne demandent qu'un peu d'ingéniosité, les uns et les autres embellissent leur maison, introduisent dans leur intérieur un confortable qui n'entraîne aucun frais.

4. L'homme qui *aime son chez soi* réunit quelques amis qui partagent ses goûts ; il éprouve en leur société les charmes de la conversation, les plaisirs de la lecture en commun.

5. La *lecture* est pour celui qui en a la passion une source inépuisable de satisfactions ; elle met en rapport avec les esprits les plus remarquables de tous les temps ; elle révèle ce qu'ils ont pensé et écrit de meilleur et de plus beau ; elle procure des jouissances du cœur et de l'intelligence incomparablement supérieures à celles des sens.

6. Ceux qui habitent la ville ont la ressource de *fréquenter l'université populaire.* Les distractions de ce milieu honnête ne lassent jamais ; elles relèvent l'homme à ses propres yeux.

7. Enfin, un utile emploi de ses dimanches : c'est la *visite des musées*, dont les trésors sont à la disposition de tous ; c'est la *promenade à la campagne*, qui est bienfaisante à tant d'égards.

Questions orales ou écrites.

1. Quelle est la cause de la fréquentation des cafés ?
2. Où l'homme peut-il trouver ses meilleures joies ?
3. Quel est l'avantage d'avoir des goûts en dehors de sa profession?
4. L'homme doit-il s'isoler de ses semblables ?
5. Quel est le rôle moral de la lecture ?
6. Quelles ressources la ville offre-t-elle ?
7. Que peut être l'emploi du dimanche ?

LECTURE

Un homme heureux

Mes souvenirs d'enfance me rappellent un modeste employé qui partageait son temps entre son magasin et sa petite maison : je ne sache pas l'avoir jamais vu inoccupé. Dans son intérieur, et pour son plaisir, cet homme extraordinaire, qui n'avait fait aucun apprentissage, exerçait tous les métiers : il jardinait, il rabotait, il limait. Il n'était point horticulteur, et il possédait les plus belles fleurs, il récoltait les fruits les plus savoureux, les légumes les plus précoces. Il n'était pas menuisier, et il poussait le rabot, la varlope comme un maître compagnon; en un tour de main, il tirait d'un bout de planche une console, une étagère. Il n'était pas embarrassé pour réparer une serrure, monter un jouet articulé, faire fonctionner un ressort. Cette espèce de magicien avait un tempérament d'inventeur; il entreprit même un jour de démonter et remonter sa montre qui s'était arrêtée : il la fit marcher. Sa maison était remplie et tout ornée de menus objets, de bibelots variés de sa fabrication.

Rien n'égalait son ingénosité, si ce n'est sa bonne humeur. Recherché pour les services qu'il rendait, pour l'enjouement de sa conversation, il n'était jamais seul. Je l'entends encore sous la tonnelle qu'il avait construite au fond de son jardinet. Tout en remplaçant à la roue de sa brouette une jante en mauvais état, il disait aux voisins venus pour le regarder et l'écouter : « Oh ! je ne sais pas ce que c'est que l'ennui ; je ne sais pas davantage ce que c'est que la fatigue. Le râteau me repose du rabot ou de la lime ; un livre me distrait, et toutes ces occupations attrayantes me dédommagent de la monotonie de mes séances de magasin. Je jardine, rabote, lime, je combine, lis et chante, comme je mange, je bois, je marche et je dors. La respiration est un besoin de mon corps ; mes goûts sont des besoins de mon esprit. Je leur dois de me plaire dans ma maison, et je n'éprouve nul besoin d'aller dans les lieux publics. Que va-t-on faire dans les cabarets ? Éteindre sa soif ? Non, l'allumer plutôt. J'ai rarement soif, et si j'éprouve le besoin de boire, j'approche mes lèvres de la source où le passereau trempe son bec. »

Fig. 76. — L'homme qui sait employer utilement ses loisirs échappe à la fatigue, à l'ennui et au vice.

Et il montrait le filet d'eau qui coulait d'une rocaille qu'il avait maçonnée lui-même à l'ombre d'un pommier.

« On se rend au cabaret, reprit-il, pour y trouver une compagnie, pour causer et plaisanter ; car il est sain de rire. Mais ma femme est ici pour bavarder, mes enfants aussi pour babiller... Et puis, pourquoi irais-je chercher ailleurs des amis douteux, qui seraient en tout cas moins sûrs et moins charmants que ceux qui se pressent sans cesse autour de moi. »

Il jeta un fin regard sur l'assistance, sourit et fredonna une vieille chanson populaire.

Pendant ce temps, sa roue était terminée; il l'avait replacée sur son axe. Il lui imprima une vigoureuse impulsion, la fit tourner à vide, et s'assura qu'elle ne déviait point.

Cet homme était heureux. Sans doute, il a connu le chagrin; il a été frappé dans ses affections; mais il n'a pas eu des heures vides et interminables. Il a trouvé parfois dans la curiosité d'un esprit en éveil, dans l'habileté de ses mains agissantes, un dérivatif et un soulagement à ses peines. « Dans les hautes montagnes, dit Legouvé, il y a des maisons de refuge situées de distance en distance pour abriter les voyageurs pendant les tempêtes de neige ; peupler son cœur de goûts purs et élevés, c'est se bâtir à soi-même des maisons de refuge. »

Composition française.

Plus tard, quand vous serez ouvrier ou employé, quel usage vous proposez-vous de faire de vos heures de liberté?

QUARANTIÈME LEÇON

Rôle de la femme

Les femmes font et défont les maisons.

Mme DE MAINTENON.

1. Il dépend de la femme de faire de son intérieur un séjour plus agréable que le café et le cabaret. L'homme ne le désertera pas, s'il y trouve agrément et affection.

2. *L'ordre et la propreté* donnent un air de coquetterie au logis le plus modeste. Par les soins de la ménagère qui balaie, lave, frotte, range, la maison prend un aspect reluisant qui plaît et qui retient. Mille petits riens sortis de ses doigts habiles, un rideau, quelques fleurs, réalisent une décoration simple et de bon goût.

3. *L'art d'apprêter et de présenter un plat* a une grande importance : on mange mieux, quand les yeux, l'odorat et le goût sont satisfaits. Sur une table bien disposée, la famille doit trouver des aliments chauds, cuits à point et qui stimulent l'appétit. *Varier la nourriture, servir le repas à heure fixe* : deux règles essentielles qui s'imposent à la ménagère préoccupée de la santé de son mari et de ses enfants.

4. *L'économie*, c'est-à dire le judicieux emploi des ressources, maintient le bien-être dans une maison. Une femme active et économe *entretient et confectionne* elle-même le linge du ménage, les vêtements de ses enfants, ses propres toilettes. Reprisés, brossés, remis en place avec exactitude, les effets font plus long et meilleur usage.

5. Enfin la *bonne humeur* de la femme égaie la maison. L'homme rentre au logis pour prendre un repos de corps et d'esprit qu'il a bien gagné. Si sa femme est souriante, si ses enfants ne sont pas turbulents, si tous lui témoignent une affection solide, il n'ira pas chercher ailleurs le délassement et l'oubli.

6. *C'est par la négligence et l'insouciance de la femme que se relâchent les liens de la famille ; c'est par ses vertus que l'harmonie et le bonheur règnent dans les plus humbles maisons.*

Questions orales ou écrites.

1. Quel rôle revient à la femme dans la lutte contre l'alcoolisme?
2. Quels avantages offrent l'ordre et la propreté ?
3. Pourquoi la femme doit-elle savoir préparer et présenter un repas ?
4. Ne dépend-il pas de la femme de réaliser le bien-être par l'économie ?
5. Quel accueil l'homme doit-il recevoir quand il rentre du travail ?
6. Comment les femmes font-elles et défont-elles les maisons ?

LECTURE

FIG 77. — La ménagère aimable et diligente est l'âme et la joie de la maison.

La ménagère

Quand paraît la ménagère,
La lumière
Semble entrer dans la maison;
Le feu pétille et s'agite,
Et plus vite
L'oiseau siffle sa chanson.

Dans le logis, son royaume,
Tout embaume;
On sent une bonne odeur
D'abondance et de bien-être
Qui pénètre
Et qui réjouit le cœur.

La ménagère est aimante
Et charmante;
Elle a la grave beauté
Des mauves, des scabieuses[1]
Si rêveuses,
Et des pâles roses-thé.

---

1. **Scabieuse**, plante; on parle de sa fleur.

Elle travaille à sa tâche
Sans relâche,
Assise au seuil du jardin,
Au linge de la famille,
Son aiguille
Redonne un lustre soudain.

Et sur sa tête attentive
Et pensive,
Les lilas, qui font fléchir
Leurs bras chargés de fleurettes
Violettes,
Semblent vouloir la bénir.

ANDRÉ THEURIET.

Composition française.

Racontez l'arrivée de votre père, le soir, quand il rentre du bureau ou de l'atelier : préparatifs, accueil, récits de la journée.

TABLE DES MATIÈRES

PREMIÈRE PARTIE

L'ALCOOL

DEUXIÈME PARTIE

L'ALCOOLISME AU POINT DE VUE DE LA SANTÉ

TROISIÈME PARTIE

L'ALCOOLISME AU POINT DE VUE MORAL ET SOCIAL

QUATRIÈME PARTIE

LA VIE SOBRE

Paris. — Imp. Picard et Kaan, 192, rue de Tolbiac. — 12901.

www.ingramcontent.com/pod-product-compliance
Ingram Content Group UK Ltd.
Pitfield, Milton Keynes, MK11 3LW, UK
UKHW012038240726
13965UKWH00003B/881

9 782013 35541